MADAME DE STAËL

ET

MADAME ROLAND.

On trouve chez les mêmes Libraires :

Bibliothèque allemande.

CATALOGUE

DES MEILLEURS OUVRAGES

DE LA LITTÉRATURE ALLEMANDE,

QUI SE TROUVENT

CHEZ SIGISMOND SCHMERBER, LIBRAIRE,

A FRANCFORT-SUR-LE-MEIN.

Prix : 3 fr.

Les fréquentes demandes qui m'ont été faites, tant de la part de plusieurs de mes compatriotes que d'un grand nombre d'étrangers, d'un Catalogue semblable à celui que j'offre ici aux amateurs de la littérature allemande, m'ont décidé à tenter de remplir cette lacune de notre Librairie, riche d'ailleurs en ouvrages de bibliographie et en aperçus périodiques, tels que les Catalogues de Leipzig, qui paraissent deux fois par an, à l'époque des foires.

C'est précisément cette foule de matériaux qui me présentait le plus de difficulté : en effet, où commencer, où finir pour resserrer tant de richesses dans un cadre convenable? Cependant j'ai cru devoir me laisser guider, dans mon choix, par le besoin des personnes auxquelles il importe de connaître et de posséder, non toute la masse des livres allemands, mais seulement ceux qui offrent un intérêt général, soit sous le rapport classique, soit sous celui de l'originalité.

On trouvera donc dans le Catalogue *tous les auteurs classiques, les meilleurs ouvrages sur les sciences, les arts, particulièrement l'histoire, la géographie, les belles-lettres, etc., etc.*

Il était juste que, pour ce qui a rapport à l'histoire et à la géographie, je fisse une part un peu large aux productions qui concernent spécialement l'Allemagne.

Les étrangers ne seront pas fâchés de rencontrer à la fin les meilleures traductions des classiques des autres nations; elles sont un témoignage de la justice que nos premiers auteurs ont rendue de tout temps aux travaux littéraires de nos voisins.

Les commandes que l'on voudra bien m'adresser seront exécutées avec tout le zèle et toute la promptitude possible; j'aurai égard à l'importance des commissions, et en général je me trouverai toujours disposé à entrer dans les divers arrangemens qui pourraient procurer plus de facilité aux acheteurs.

Un Catalogue de nouveautés, général et par ordre systématique, que je publie chaque semestre, se distribue gratis.

S. SCHMERBER.

MADAME DE STAËL

ET

MADAME ROLAND,

OU

PARALLÈLE ENTRE CES DEUX DAMES,

EN PRÉSENCE DE QUELQUES ÉVÉNEMENS

DE LA RÉVOLUTION.

***

Traduit de l'allemand.

A PARIS,

CHEZ JANET ET COTELLE, LIBRAIRES,
RUE SAINT-ANDRÉ-DES-ARCS, n° 55.

FRANCFORT-SUR-LE-MEIN, S. SCHMERBER.

BRUXELLES, A LA LIBRAIRIE PARISIENNE.

1830.

AVERTISSEMENT.

Ce parallèle entre deux dames célèbres d'une époque à jamais mémorable se trouve consigné dans le Journal des *Archives pour l'Histoire et la Critique littéraire* (1), rédigé par M. *Fr. Chr. Schlosser* Professeur d'histoire à l'Université de Heidelberg, auteur de plusieurs ouvrages historiques, entre autres d'une *Histoire du dix-huitième siècle,* dont M. de Golbéry a donné une traduction française, et par M. *G. A. Bercht.* Persuadé qu'il serait de quelque intérêt pour les Français de connaître le jugement d'un savant historien allemand sur deux person-

(1) A Francfort-sur-le-Mein, chez S. Schmerber.

nages qui ont joué un grand rôle dans la Révolution française, nous avons fait la traduction de cet écrit, ajoutant à ce premier but celui de donner une idée de l'esprit et du genre d'un Journal qui se recommande à bien des égards.

MADAME DE STAËL

ET

MADAME ROLAND,

ou

LA FILLE ET LA FEMME D'UN MINISTRE
DE LA RÉVOLUTION,

MISES EN PARALLÈLE AVEC LES ÉVÉNEMENS ET LES ACTEURS
DE LA RÉVOLUTION.

L'AUTEUR de cet opuscule, avant de publier une nouvelle édition plus étendue de son *Histoire du dix-huitième siècle*, avec une suite à cette histoire, a desiré offrir au public de l'Allemagne l'histoire de quelques personnes et de quelques événemens particuliers, et des observations critiques sur certaines sources et certains auteurs. Il a pensé ne pouvoir mieux recommencer que par une courte notice sur madame de Staël et madame Roland. Ces deux femmes célèbres sont des personnages historiques : toutes deux ont écrit, et elles ont consigné dans leurs ouvrages leurs vues et leurs opinions particulières, aussi-bien que celles du

parti auquel elles appartenaient respectivement.
C'est ainsi qu'en parlant de l'histoire, elles se
peignent elles-mêmes, et qu'elles écrivent l'histoire en racontant ce qui les concerne personnellement.

Ces deux dames et leurs écrits représentent
deux classes distinctes de la société, dont l'une
est aussi estimable que l'autre est brillante. Toutefois, il est nécessaire, pour mettre le lecteur
en position de bien juger cet Essai, où tantôt
nous ferons ressortir davantage le caractère personnel de ces dames, et tantôt nous nous attache-
rons spécialement aux événemens, que nous le
fassions précéder de quelques observations gé-
nérales. Elles auront pour objet la différence de
l'éducation, des rapports sociaux et des préjugés
de ces deux femmes remarquables; elles feront
voir quelles étaient leurs manières de voir et
de penser à leur première entrée dans le monde;
et afin d'expliquer l'importance de ces deux
personnes pour l'histoire, nous dirons un mot
de l'influence des femmes sur le gouvernement
en France en général.

Nous avons choisi madame de Staël et madame
Roland, parce que l'une et l'autre se sont également distinguées par leurs talens, leurs dons
naturels, la culture de leur esprit, leurs connaissances, leur enthousiasme pour tout ce

qu'elles jugeaient juste et bon, et que leurs vues et leurs jugemens se trouvent souvent en opposition. Toutes deux ont dépassé ces limites dont, en Allemagne, on n'aime pas à voir les femmes s'éloigner; cependant, et quoique d'une manière différente, elles ne font point oublier le caractère propre de leur sexe, bien qu'elles dominent, non par le sentiment ou la beauté, mais par la supériorité de leur esprit, les hommes les plus distingués de leur temps, qu'elles conduisent leur plume, polissent leurs discours que la France entière admire. Au reste, le genre d'influence qu'exercèrent ces deux femmes, l'exaltation poétique de l'une, l'héroïsme de l'autre, font voir que dès les premiers changemens politiques qui survinrent, l'influence des femmes, que l'on retrouve presque sans interruption dans toute l'histoire de France, ne fut plus la même, et qu'elle prit en quelque sorte le caractère sérieux de l'époque.

Pour ce qui est de l'influence des femmes en général, il suffit d'avoir quelques connaissances superficielles de l'histoire de France pour savoir que les femmes eurent dans tous les temps, non seulement en secret, ce qui a sans doute lieu partout, mais ouvertement, et au su de tout le monde, une importance dans les affaires qui a donné à la nation et à son histoire une direction que la révolution même n'a pu effacer. Sous François Ier et ses successeurs jusqu'à Henri III, on trouve le gouvernement formel et reconnu des femmes; et s'il s'interrompt sous Henri III, on est tenté de le regretter, parce que ses mignons firent bien plus de mal que les mères, les femmes et les maîtresses de ses prédécesseurs. Sous Henri IV, l'influence des femmes dans les affaires publiques se fait moins sentir, grâce au crédit de Sully et à l'empire qu'il a sur le Roi, quoique les faiblesses de ce prince soient bien connues, et que, quant à lui, il ait été sans cesse sous l'autorité des femmes; qu'il ait souvent, par simple galanterie, négligé les plus favorables occasions, et qu'il ait été même accusé d'avoir, peu de temps avant sa mort, et pour obéir à une femme, projeté une nouvelle guerre contre l'Espagne, et une intervention dans les démêlés de la succession de Juliers et Clèves. Immédiatement après la fin tragique de Henri IV, Marie de Médicis et sa suivante Galigaï furent tellement en possession du gouvernement, que Luynes réussit à persuader à Louis XIII de recouvrer son indépendance par un meurtre, ou plutôt d'abandonner l'empire à Luynes, sous prétexte de délivrer par là le peuple de la domination oppressive des femmes et du maréchal d'Ancre, leur créature. Il est vrai que le peuple sanctionna

comme un acte qui allait le soustraire à l'op-
pression, le meurtre du maréchal, en poussant
des cris de joie et en mutilant son cadavre; toutefois, il n'y gagna rien, et les cabales et les intrigues des femmes n'en continuèrent pas moins.
Le gouvernement de Richelieu rendait l'influence des femmes impossible; mais elle fut
d'autant plus grande aussitôt après sa mort et
après celle de Louis XIII. Pendant les dissensions
qui éclatèrent sous la minorité de Louis XIV,
les femmes furent les mobiles de tout, et leurs
cercles étaient les lieux de réunion des partis
tant à la cour que dans la faction opposée. Les
Mémoires de la princesse de Montpensier et
toute son histoire, ainsi que les Mémoires du
cardinal de Retz, font voir quelles étaient dans
le temps de la Fronde les intrigues des ennemis
du cardinal Mazarin et de la reine-mère. Aussitôt que Mazarin l'eut emporté sur ses adversaires, l'état des choses changea bien un peu, et
dans les premiers temps du règne de Louis XIV
il n'y eut pas d'influence des femmes bien marquée: Le grand Roi ne voulait pas même accorder
à ses plus habiles ministres et à ses généraux
l'honneur d'une part aux mesures de gouvernement ou de guerre qu'ils avaient indiquées;
comment aurait-il pu laisser aux femmes la
moindre influence? Cependant, malgré l'appa-

rence du contraire, l'État fut gouverné non seulement par madame de Maintenon, mais par d'autres femmes encore. Depuis le commencement de la guerre de la succession d'Espagne, et, à proprement parler, depuis la révocation de l'édit de Nantes, les véritables causes et les ressorts de tous les changemens survenus dans l'État et dans la littérature doivent être attribués aux intrigues des femmes entre elles et dans la société. On sait assez que, sous le duc-régent, et jusqu'à ce que le cardinal Fleury eût été chargé de l'administration du royaume, les femmes les plus hardies et les plus corrompues étaient initiées dans tous les secrets de l'État, vendaient les charges, les dignités, les grâces, et même entamaient ou rompaient à leur gré des négociations pour le mariage du jeune Roi. Sous le cardinal Fleury, l'influence des femmes fut bornée à la littérature, qui tomba tout-à-fait sous la domination des dames de Paris. Par la littérature, les femmes agissaient sur l'opinion, qui, à ce que personne n'ignore, est d'un pôle à l'autre la maîtresse absolue du genre humain. Louis XV, aussitôt après la mort de son ministre, fut complétement sous l'empire des femmes qui satisfaisaient ses passions; plus il avançait en âge, plus le pouvoir des femmes dans l'État s'étendait, et plus il devenait vexatoire. Louis XVI en se pliant aux caprices et à la légèreté d'une jeune épouse, en fut dominé comme son prédécesseur l'avait été par ses maîtresses. A Versailles, sous Louis XV et sous Louis XVI, les affaires de l'Etat étaient sous l'influence des femmes : à Paris, les sociétés qui se réunissaient chez les Geoffrin, les du Deffant, les d'Espinasse. et autres dames, décidaient sans appel sur la littérature. Les dames, dans leurs cercles, ne prononçaient pas seulement sur le mérite des productions, soit poétiques, historiques ou philosophiques, mais elles jugeaient les écrits politiques, les ouvrages de mathématiques; et d'importans travaux étaient entrepris sur les modèles indiqués par ces sociétés, ou d'après les opinions qu'on y préconisait.

Vouloir déterminer l'effet de cette influence des femmes sur le caractère de la nation, l'État et la littérature, serait une tâche très facile ou très difficile, suivant la manière d'envisager les choses, parce que les savans de l'Allemagne ne réussissent que bien rarement à saisir parfaitement le caractère des dames françaises, et que par cela même leurs jugemens sont rarement tout-à-fait exempts de partialité. Au reste, il y aurait à en dire le bien ou le mal qu'on pourrait dire du sexe en général. Mais il est sûr que le côté sérieux de la vie en a souffert, qu'une

certaine habitude de légèreté dans l'examen des choses, qui n'est pas toujours bonne, devint générale dans la société. Cette légèreté fit admettre des doctrines, répandre des opinions qui, accueillies avec plus de circonspection et après une mûre réflexion, auraient produit un effet moins funeste qu'il n'est arrivé lorsqu'on a reçu les décisions des salons comme des oracles. Cet état de choses ne cessa point dès le commencement de la révolution, comme on le croirait peut-être, quelque sérieuse que fût alors la direction générale des esprits et des événemens. Madame de Staël et madame de Genlis vantent chacune dans leur sphère la société de Paris pendant les premières années de la révolution. Madame de Staël dit, dans ses *Considérations* :
« On peut dire avec vérité que jamais cette so-
« ciété n'a été aussi brillante et aussi sérieuse
« tout ensemble que pendant les trois ou quatre
« premières années de la révolution, à compter
« de 1788 jusqu'à la fin de 1791. » Cela veut dire, en d'autres termes, qu'alors l'État et les affaires publiques étaient l'objet des discussions et des entretiens de madame de Staël et de ses amis. Depuis cette époque jusqu'en juin 1793, ce fut madame Roland et ses partisans qui eurent de l'influence dans la société ; mais cette influence portait un caractère de fermeté et de vigueur,

et s'exerça même quelquefois avec barbarie.
Cependant madame Roland n'eut aucune part
aux entreprises violentes d'un Barbaroux et de
quelques autres hommes de son parti. Elle donne
à cet égard, dans la seconde partie de ses Mémoires, sur le rôle qu'elle joua depuis le 18 juin
jusqu'au 10 août 1793, des explications qui font
honneur à son caractère. Ces explications sont
certainement vraies en tous points, parce qu'au
temps où elle traçait ces lignes il y avait de l'honneur et des avantages attachés aux opinions op-
posées, et que d'ailleurs tout y porte l'empreinte
de la plus évidente sincérité. « Je n'ai jamais été,
« dit-elle, confidente de ce qu'on peut appeler
« les petites manœuvres, de même que mon
« mari n'a jamais été agent de cette espèce. »

Au fort de la terreur l'influence des femmes
disparut pour quelque temps, à moins qu'on ne
veuille compter parmi les femmes ces *énergu-
mènes affiliées* aux clubs des Jacobins, qui ac-
compagnaient les charrettes chargées de victimes, et qui entouraient la guillotine en faisant
retentir l'air de leurs cris. Déjà, avant la chute
de Robespierre, madame de Fontenay, née Ca-
barrus, qui fut dans la suite l'épouse de Tallien,
avait acquis beaucoup d'influence et hâta la
chute de Robespierre ou la révolution du 9 ther-
midor; elle conserva dès-lors cette influence

qu'elle partagea avec d'autres dames. Madame de Staël avait aussi, sous le Directoire, repris son crédit, et elle ne pardonna point à Bonaparte de n'avoir jamais voulu entendre parler d'elle, et d'avoir nourri et fait éclater une haine aussi implacable contre les salons politiques des dames que contre ce qu'il appelait idéologie.

Les deux passages que nous avons cités nous ramènent tout naturellement à notre sujet; ils expriment clairement le principe d'où ces deux dames sont parties, et d'après lequel elles ont jugé la révolution et les personnes qui y ont joué un rôle actif. L'une est sans cesse sur la scène, où elle brille et s'approprie les jugemens de tous ceux avec qui elle se trouve en rapport: nous sommes au milieu de ses salons, nous entendons avec ravissement la dame de la maison diriger la conversation; mais il ne nous reste qu'une faible impression de ces propos rapides; nous avons peu retenu de choses, parce que tout y est vague, tout est dans un style pompeux. Madame Roland reste au moins toujours en dehors de la scène, quand son geste, son esprit, sa plume même, ont besoin de diriger les différens personnages nouveaux qui se présentent. Elle ne veut exprimer que la pensée qui remplit son âme, celle qu'elle a réalisée, les beaux rêves de Rousseau; qu'elle n'a vécu que pour une seule idée, et qu'elle est prête à mourir pour cette idée, comme elle fut en effet victime de son enthousiasme. Un examen plus approfondi nous fera voir que l'éducation de madame Roland ne fut point l'ouvrage de ses parens ou de ses amis, mais le sien propre. Ce fut un besoin vivement senti, sa propre impulsion, avec la vanité et l'envie de briller ou de dominer par son esprit, qui la porta à acquérir un genre de connaissances qui n'est pas ordinairement le partage des femmes. Elle lisait Pascal et Malebranche et copiait les Élémens de mathématiques de Clairaut pendant que madame de Staël composait des ouvrages reçus avec transport par ces flatteurs des grands qui se paraient du nom de philosophes, qui adoraient Voltaire pendant qu'ils reniaient Jésus-Christ. L'une aimait et recherchait la paix de la vie domestique, et éprouvait une douce jouissance à l'aspect de la belle nature : aux yeux de l'autre, les talens, la science, la vie même n'avait de prix que dans les salons de Paris, où elle pouvait se recueillir et faire éclater son esprit dans une conversation brillante. De là ses jérémiades contre Bonaparte dans ses *Dix années d'exil*. L'éducation, la naissance, le rang de ces deux dames, leur donnèrent des opinions différentes sur l'ordre et la valeur de la société telle qu'elle était. Madame Roland était de la classe moyenne des bourgeois de Paris, classe estimable qui joignait à cette finesse de tact, qui distingue les femmes et surtout les Parisiennes, un éloignement, une aversion marquée pour la corruption des classes plus élevées, pour la bassesse et l'esprit de servilité des fonctionnaires de l'État et de la nombreuse clientèle des grands, ainsi qu'un profond dégoût pour l'avilissement et la licence de la populace : classe qui conservait une grande sévérité de mœurs, non qu'elle ne connût pas la séduction, mais parce qu'elle était menacée de tous côtés. Le système des corporations contribuait beaucoup à maintenir ces avantages précieux. La fille de Necker dédaigna bientôt la sévère piété de sa mère; en suivant les doctrines des encyclopédistes, elle prit aussi leur morale, qui se pliait facilement aux circonstances; *Delphine* et *Corinne* le prouvent. Madame Roland, qui était belle, choisit pour époux un homme réfléchi, judicieux, et déjà d'un âge mûr, qu'elle estimait et qui l'aimait, dont elle fut inséparable comme lui le fut d'elle. La fille de Necker prit par simple convenance un mari dont on n'a rien à dire, de la main de la reine de France, qui engagea le roi de Suède à attacher à la conclusion de ce mariage la prolongation de la mission d'ambassadeur. Madame Roland n'avait pas plus de trente-huit ans lorsqu'elle fut appelée à jouer un rôle à Paris. Si elle ne jetait pas un grand éclat, elle était du moins belle et intéressante; ses manières étaient celles d'une femme cultivée, mais elles n'avaient pas ces formes tranchantes des grands génies; elle était aussi éloignée de la légèreté des mœurs du grand monde que de cette bonté hautaine et de cette arrogance des dames qui jouaient alors à Paris le rôle de protectrices. Madame de Staël n'avait pas ce charme séduisant particulier aux femmes : nous n'avons eu l'occasion de la voir qu'à un âge déjà un peu avancé; cependant il est certain que les inspirations de son génie suppléaient parfaitement chez elle aux formes, car sa première apparition à la cour, ses premières visites chez madame de Polignac, l'amie et la confidente de la reine, furent remarquables par les fautes qu'elle y commit contre l'étiquette de la cour, ou plutôt contre cette finesse des manières naturelle à son sexe. Cela frappa d'autant plus que la fille de Necker n'appartenait point par sa naissance à la société dans laquelle son mariage l'avait tout d'un coup transportée, où sa mère n'était point admise. Au reste, on sait qu'elle ne le céda en rien pour le ton et les manières, la facilité de la parole et l'assurance, aux dames nées à la cour, et qu'elle les surpassa de beaucoup en connaissances, en esprit et en talens.

Nous allons entrer dans quelques détails sur la première éducation de ces deux dames, afin que le lecteur comprenne mieux la suite de ce récit.

Madame Roland appartenait à la classe bourgeoise de Paris, tout l'indique : son nom de famille Phlipon, son prénom Marion, la profession de son père, graveur d'un talent médiocre; et jamais, avant son mariage, elle n'avait paru dans la haute société. Il paraît que sa mère était une femme d'un caractère doux et aimable, remplissant religieusement les devoirs de sa condition dans la retraite et cet isolement auquel les familles peu riches, et qui ne veulent pas suivre le tourbillon du monde, sont condamnées dans les grandes villes. Elle éleva sa fille dans ses principes religieux, ou plutôt dans ces habitudes auxquelles les femmes de la classe moyenne étaient restées fidèles pendant que les classes élevées les avaient abandonnées depuis long-temps. Ces sentimens religieux, que madame Roland avait nourris dans sa jeunesse, firent place plus tard à d'autres convictions, sans jamais s'effacer entièrement. Elle le dut en partie à la lecture des ouvrages du Tasse et de Fénelon, de quelques écrits traduits de saint

Augustin, et d'autres livres semblables; mais elle le dut surtout à son genre de vie simple et retirée, et à la société de sa mère, qui eut souvent, dans le cours de sa vie, besoin de savoir se résigner. Une de ses tantes avait, comme gouvernante des enfans d'une grande maison, appris, en quelque manière, à connaître le monde. Son esprit élevé reçut un nouveau relief de ses liaisons intimes avec une amie dont l'âme correspondait parfaitement avec la sienne; et la lecture de Plutarque enflamma son imagination et la remplit d'admiration pour les constitutions, les grandes actions et les sentimens de l'antiquité, tels qu'ils sont peints dans Plutarque. C'est à cette source plus poétique qu'historique que Rousseau avait également puisé les idées qu'il avait des caractères républicains de l'antiquité et les brillantes images des anciennes républiques, surtout de Sparte et de Rome; c'est d'après cela qu'il s'était fait l'idée d'un gouvernement qui n'exista ni n'existera jamais, mais qui, par cette raison même, dut d'autant mieux satisfaire l'esprit et le cœur d'une femme. Au reste, il ne conviendrait pas à toutes les femmes de suivre la même route que madame Roland; on voit que chez elle il y a moins de méthode que de profondeur. Déjà, dans sa première jeunesse, elle lut sans ordre et sans aucune préparation les livres les plus différens, depuis les ouvrages de Fénelon jusqu'au roman de *Candide*, sans que ses principes moraux en souffrissent en aucune façon, et plus tard, comme elle cherchait moins à former son goût qu'à cultiver son esprit, elle étudia Diodore de Sicile, Montesquieu, Descartes, Malebranche, Pascal, Diderot, d'Alembert, le *Système de la nature*, les *Lettres de saint Jérôme*, et d'autres ouvrages semblables, en même temps qu'elle parcourait les gros volumes de Velly et la sèche *Histoire de France* de Mézeray. Un esprit capable d'autant de persévérance et d'efforts ne pouvait être entraîné par le ton superficiel et railleur de la littérature de ce temps : aussi n'est-ce point de ce côté que lui vinrent ses doutes; d'autres scrupules éveillèrent son attention. La candeur de son âme hésitait à croire que tous les hommes morts hors du christianisme, et même avant l'établissement du christianisme, fussent voués à la damnation; elle réfléchit sur la nécessité d'une révélation, lut les longs et verbeux écrits des défenseurs de la révélation et de la foi catholique contre les persiflages et les spirituels sophismes des incrédules; elle y trouva les livres des philosophes et des encyclopédistes cités, elle se les procura. Cependant elle eut le même sort que Rousseau. Tous deux étaient doués d'une âme sensible, tous deux aimaient la nature et les sciences naturelles; ni l'un ni l'autre ne purent jamais être amenés comme les savans qui s'attachent aveuglément à un système, ou comme les gens du monde qui n'aiment qu'eux-mêmes, à confondre la morale avec le dogme, la doctrine de la nature divine de l'âme avec celle des anges, des démons et de la trinité. Ce que madame Roland dit à cet égard est parfait : « Ce n'est, dit-elle dans une de ses lettres où elle parle de l'effet de la vie domestique et de l'étude de la nature par rapport à la foi en Dieu et à la ferveur des âmes, ce n'est que dans la poussière du cabinet en pâlissant sur les livres, ou dans le tourbillon du monde en respirant la corruption des hommes, que le sentiment se dessèche, et qu'une triste raison s'élève avec les nuages du doute ou les vapeurs destructives de l'incrédulité. Comme on aime Rousseau, comme on le trouve sage et vrai quand on le met en tiers seulement avec la nature et soi! »

Elle fait observer avec raison qu'il lui fut avantageux de n'avoir pas appris plus tôt à connaître les ouvrages de Rousseau, parce qu'aussitôt qu'elle les connut, elle ne vécut plus que dans des régions idéales; et cet hommage est bien plus naturel et bien plus éloigné de toute ostentation et de toute affectation que celui que madame de Staël exprima dans un de ses écrits à l'âge de vingt-deux ans. Les douces jouissances des spectacles de la nature, de l'amitié, de la vie domestique, soutinrent les sentimens religieux de madame Roland pendant qu'elle s'amusait à la lecture des rêveries de Bonnet et d'autres philosophes qui voulaient pénétrer l'essence de Dieu, et qui retrouvaient leur théologie dans la nature. Elle dit dans ses Mémoires : « Nollet, « Réaumur, Bonnet, qui rêvent quand les autres « décrivent, m'amusèrent à leur tour, ainsi que « Maupertuis, qui fait des jérémiades même en « décrivant les plaisirs des limaçons. »

Madame de Staël n'était encore qu'une enfant qu'elle parut déjà sur la scène, et elle ne la quitta que lorsque la crainte de la mort la força d'abandonner Paris, ou que l'inflexibilité de Bonaparte l'en tint éloignée. Il fallait qu'elle jouât un rôle, qu'elle apprît à prendre des paroles pour des actes, de vains mots pour des pensées, pour pouvoir élever, comme elle le fit, le génie de son père jusqu'aux cieux. Madame Roland ne trouva dans les premières sociétés qu'elle fréquenta aucune occasion de briller par la culture de son esprit; elle avait des devoirs à remplir, non pas, ainsi que madame de Staël, en phrases poétiques, mais réellement, comme fille, comme parente, dans la direction de la maison de son père, avant qu'elle fût épouse et mère. Devenue épouse, elle n'occupait point la place d'honneur au milieu des salons ; elle suivait son mari dans le silence du cabinet, et donnait une couleur plus vive à son style dans les écrits qui ne comportaient pas le ton un peu sec qui lui était ordinaire. Cette habitude seule, dans un temps où elle pressentait un changement dans l'ordre social, dans un temps où elle espérait le retour de l'ordre où le rang dépendrait du mérite personnel, devait la placer dans une tout autre position, et donner à ses idées une autre direction qu'à madame de Staël, qui n'a jamais eu ces qualités distinctives du caractère des femmes, et qui connut encore moins la modestie, le travail et la peine. —

Il est vrai qu'à la naissance de madame de Staël, Necker était encore dans la maison de Thélusson, et dans une condition subordonnée ; cependant, peu d'années après, tout était changé : Madame Necker désirait donner à sa fille le genre d'éducation qu'elle avait reçu elle-même, mais elle devait jouer un rôle brillant dans les salons de Paris, et il était impossible de concilier ces deux choses. La mère et la fille suivirent chacune une route différente ; et le père, plein de vanité, s'admirait dans sa fille, et sa fille dans lui. Madame Necker n'est d'ailleurs pas moins célèbre par la culture de son esprit que sa fille elle-même; car Gibbon et Rousseau lui ont fait sous ce rapport un nom historique. On sait qu'elle apporta à Paris la réputation de femme spirituelle et érudite, et qu'elle excita surtout l'attention publique par cela que Gibbon lui promit de l'épouser et qu'il s'en dédit plus tard. Madame Necker était la fille d'un pasteur protestant d'un village à l'extrême frontière du pays de Vaud et de la Franche-Comté, et Gibbon dit dans ses Mémoires que M. Curchod, son père, lui avait donné, dans sa solitude, une éducation littéraire et même savante; que ses progrès dans les sciences et les langues avaient surpassé son attente, et que, quand elle allait passer quelque temps à Lausanne, on n'y parlait que de la beauté, de l'esprit et de l'érudition de mademoiselle Curchod. En même temps Gibbon la reconnaît exempte de pédantisme qui fait en tout lieu parade de science, et vante la vivacité de sa conversation, sa franchise, et en général toute sa manière d'être. A Paris, elle réunissait dans sa maison et à sa table tout ce qu'on nommait, en termes un peu vains et prétentieux, la bonne société. Thomas, Grimm, Raynal, Marmontel et autres beaux esprits et sophistes n'avaient garde d'y manquer. Gibbon dit, en parlant de son voyage à Paris, qu'il fut introduit dans la maison du directeur des finances du royaume de France: que là se rassemblaient les ministres de toutes les nations étrangères, les plus grands personnages de France, tous les hommes et toutes les femmes qui avaient quelque renommée. Madame Necker, au rapport de madame Necker de Saussure, n'était pas tout-à-fait à la hauteur des manières de l'époque; sa fille se plaignait d'un reste de sérieux qu'elle avait rapporté de la campagne, et que madame Necker de Saussure, qui a écrit tout un livre à la louange de madame de Staël, appelle pédantisme. Au reste, comme madame Necker eut sans cesse dans son brillant salon sa fille à côté d'elle, dès son enfance, et qu'elle la voyait avec plaisir apprendre à parler avant de savoir penser, le caractère et le talent de madame de Staël se développèrent de bonne heure, et son esprit y prit une tournure que nous nommerions volontiers diplomatique, chevaleresque ou poétique. C'est ainsi que, dans les sociétés où chacun apporte certains jugemens arrêtés, et déploie un savoir qu'il a acquis pour le faire briller, on apprend à parler avec une apparence d'esprit sur tous les sujets imaginables, à découvrir en toute chose quelque côté à attaquer ou à défendre, à se faire des différens jugemens des autres un jugement propre à nous gagner des suffrages. On y apprend à étonner le monde par des phrases pompeuses ou spirituelles; mais ce n'est pas là que peut se former le cœur d'une femme, et les admirateurs de l'éducation brillante du grand monde avouent eux-mêmes qu'on ne peut y acquérir la connaissance du cœur humain, ni celle du vrai bonheur, de la pure amitié, du véritable amour, et de la bienheureuse paix des âmes libres de passions. Madame Necker croyait sans doute, par ses préceptes et une éducation systématique, pouvoir diminuer l'impression qu'une conversation qu'elle jugeait utile à d'autres égards devait faire sur une jeune fille douée d'excellentes dispositions naturelles; et elle sacrifia ainsi sans hésiter les premières années de sa fille et l'heureuse candeur de cet âge à l'éclat du grand monde. Il était pardonnable à une mère de chercher à cultiver et à faire briller de bonne heure les rares dispositions de sa fille; et en effet les hommes distingués qui se rassemblaient chez elle rendaient déjà hommage à l'intelligence de cette jeune fille de onze ans, et admiraient ses talens. Madame Necker, qui voyait parfaitement ce qu'il y avait à reprendre aux sociétés de Paris, voulait, comme cela arrive souvent aux femmes, réunir les extrêmes: elle voulait, d'un côté, ne pas s'écarter des principes religieux qu'elle avait reçus; de l'autre, elle appréhendait de déplaire à la société, et craignait de conserver quelque apparence des manières des petites villes, et de ne pas s'élever à la hauteur du ton des salons de Paris. Elle écoutait, elle gardait le silence, et cependant elle excitait le dépit de Grimm. Nous avons remarqué dans la première livraison d'un long recueil d'anecdotes insignifiantes, de plaisanteries insipides, publié en 1812, sous le titré de *Correspondance du baron de Grimm*, deux passages où il en parle. Il pense que madame devrait ne pas se borner à avoir de l'esprit, qu'elle devrait expliquer clairement sa pensée en matière de religion, ne pas se renfermer dans le silence, et vouloir absolument, au milieu de tant de faiseurs de systèmes, c'est-à-dire dé prôneurs de l'incrédulité, ne pas dévier du genre de piété qu'elle observait. Ailleurs il cite une lettre de Voltaire, qui fait entendre à madame Necker, avec la finesse et la grâce qui lui est propre, qu'il sait très bien qu'elle n'admet point son système. C'est alors que nous sommes doublement surpris de voir madame de Staël au centre de ces menées que Rousseau condamnait, et méprisait, et au milieu d'hommes qui lui déplaisaient souverainement, se déclarer son panégyriste. Cela ne s'accordait point avec le ton de la société ; toutefois elle n'avait jamais été du côté des rieurs, elle avait trop d'esprit pour cela ; Rousseau avait bien mérité les éloges qu'elle lui donnait, ayant parlé avec distinction de madame

Necker, avant qu'elle tînt table ouverte, et qu'elle fût mariée.

Grimm, dans sa correspondance avec ces princes qui, pour connaître les plus simples événemens de cette société tant admirée, avaient des correspondans à Paris, rapporte parmi ses nouvelles de Paris quelques particularités sur la famille Necker qui font bien voir que madame de Staël avait été formée dès sa jeunesse à préférer l'éclat à la vérité et à la profondeur, à s'approprier les idées et les opinions des autres, et, grâce à la vivacité de son esprit, au talent d'élocution qu'elle possédait, à les reproduire comme les siennes propres, et à leur donner un nouveau charme en leur prêtant une nouvelle forme. Necker est l'idole qui reçoit l'encens de sa famille et des poètes de l'Académie; Marmontel fait des vers à l'occasion de sa convalescence, la fille, âgée de onze ans, les récite, la société écoute, s'incline, élève l'enfant jusqu'aux cieux. Cet usage des grandes maisons est si commun que nous ne le rappelons qu'en passant. A douze ans elle a fait un pas de plus. Grimm, Thomas, Marmontel, sont remplis d'admiration à la lecture de pièces de théâtre qu'elle a composées. On en croit à peine ses yeux, quand on lit que parmi les comédies de cet auteur de douze ans il en est une qui a pour titre les *In-*

convéniens de Paris, que Grimm et ses amis trouvèrent «non seulement fort étonnante pour « son âge, mais même supérieure à tous ses « modèles. » Dans sa quinzième année elle fait des extraits du livre de l'*Esprit des lois,* auxquels elle joint ses propres observations. Raynal la prie de composer un article sur la révocation de l'édit de Nantes, qu'il veut joindre à ses œuvres, et son père suit une correspondance avec elle sur son Compte-rendu et sur l'Administration des finances de la France. On ne sait si l'on doit rire du père ou plaindre la fille, qui sacrifie de si bonne heure la vérité et la candeur de l'enfance à un vain éclat et à une vaine apparence. Elle sait que son père aime par-dessus tout la société de Gibbon, et elle affecte de pousser l'ingénuité et l'attachement jusqu'à vouloir épouser Gibbon pour qu'il ne soit jamais privé de ses entretiens. Pour montrer le ridicule de cette offre, dont on a tant parlé, il n'est pas même nécessaire de citer la différence des âges, il suffit de rappeler la tournure lourde et si peu aimable de Gibbon, dont on a mis le portrait à la tête de ses Mémoires. Une femme comme madame de Staël, avec le genre d'éducation qu'elle a reçu, si gâtée par la flatterie, si pleine de vanité et de suffisance, écrit à vingt-deux ans un livre de lettres sur Rousseau, y célèbre hautement ce philosophe, qui veut que la simplicité, la vérité, la modestie, l'amour de la vie domestique, l'éloignement pour les grandes villes et leurs mœurs soient les premières bases de l'éducation des femmes! On voit qu'il n'y a pas, dans tout son livre, la plus légère trace de naturel. Après cela, quelle sera sa manière de juger la révolution? Elle approuvera tout ce que son père aura fait, elle sera hors d'elle-même en le voyant porté en triomphe, elle s'abandonnera à sa colère et à son indignation quand ses plans ne seront pas adoptés. Une dame qui a l'imagination aussi vive, qui ne considère l'Angleterre que comme une île merveilleuse, parce que, éblouie par les apparences, elle ne voit rien au-dessus de l'aristocratie des richesses et de la naissance; une dame qui devait son éclat et son crédit à cette partie de la noblesse qui s'était emparée des nouvelles idées et qui s'était séparée des autres nobles, ne pouvait jamais admettre l'idée d'un changement total de toutes les relations civiles et sociales, ou juger impartialement ceux qui ne voulaient pas s'arrêter au même point qu'elle. Fille d'un riche ministre, nouvellement introduite à la cour, entourée des chevaliers des anciens temps devenus partisans de la liberté, cédant au charme de leurs manières et de leurs discours, comment pouvait-elle pressentir que la foule des citoyens n'abandonnerait pas facilement un Roi pour rendre hommage à un certain nombre de familles qui, comme en Angleterre, enverraient leurs fils aînés dans la chambre haute, leurs fils cadets dans la chambre des communes, répartiraient entre elles les emplois et les dignités, domineraient le Roi, et en qualité de grands propriétaires feraient eux-mêmes, ou par leurs fils et leurs frères, dans une des chambres, des lois sur les délits de chasse et sur l'importation des grains, qui ne manqueraient pas d'être confirmées dans la seconde chambre par les autres membres de leurs familles? Il est bien vrai qu'elle avait encensé le démocrate Rousseau dans ses *Lettres sur Rousseau*, et qu'elle devait à cet écrit la réputation littéraire qu'elle avait déjà acquise dans sa jeunesse; mais c'est justement ce qui la place dans une position très fausse vis-à-vis des personnes et des événemens d'une révolution qui exigeait non de beaux discours et de beaux sentimens, mais des caractères fermes et énergiques, et une grande rapidité d'exécution.

Nous ne dissimulerons pas au lecteur que madame Roland marchait au-devant des idées nouvelles avec des préjugés diversement opposés et un ressentiment secret contre les hommes et les mœurs que madame de Staël élève si haut;

car elle-même, dans les derniers momens de sa vie, ne pouvait oublier l'impression que les manières du grand monde avaient deux fois faite sur elle dans sa jeunesse. Elle fait voir dans ses Mémoires, qu'elle a écrits en partie pendant sa détention, combien le sentiment de sa propre dignité était vivement offensé de cette dédaigneuse bonté, de cette apparente amitié, de cet air de supériorité qu'affectaient à son égard des personnes qui étaient en tous points beaucoup au-dessous d'elle. Elle raconte avec beaucoup de détails et de clarté sa visite chez madame de Boismorel, où sa tante avait été en qualité de gouvernante des enfans, et rapporte avec une grande finesse d'observation les traits caractéristiques de cette classe qui, avec toute sa politesse, trace comme un cercle autour d'elle, et indique ainsi la distance qu'il y a entre elle et les personnes même les plus distinguées par leur éducation des autres rangs de la société. Elle ajoute qu'elle ne réitéra jamais sa visite, et que sa tante ne l'y engagea pas non plus. Pour ce qui est de la manière de vivre des grands et de celle de leurs gens, elle fait d'une manière charmante le récit d'un dîner à l'office qu'elle fut obligée d'accepter chez une dame Penault, dont sa tante avait épousé le maître-d'hôtel. A cette occasion elle fait voir que long-temps avant la

révolution elle s'était persuadée que la corruption des temps ne pourrait avoir de terme que
quand les citoyens de toutes les classes auraient
acquis le sentiment de leur dignité personnelle,
quand ils cesseraient de se parer des brillantes
dépouilles des grands et de se régaler des débris
de leur table. Nos lecteurs se rappelleront, à ce
propos, un passage semblable des *Confessions*,
avec cette différence que Rousseau ne se trouve
point véritablement à ce dîner à l'office, mais
qu'il s'exprime à cet égard envers la dame qui
l'invitait. Rousseau remarque avec raison que
cette classe de personnes et leur manière d'envisager les autres hommes ne lui avaient pas, pour
tout cela, fait concevoir une idée plus avantageuse sur leur compte.

Madame Roland rapporte une autre anecdote
de sa jeunesse, qui prouve que, long-temps avant
qu'elle se mariât, ces sentimens étaient devenus
chez elle une haine déclarée de l'esprit bas et ram-
pant d'une partie de la société d'alors, et de l'or-
gueil, de l'insolence et de la corruption de l'autre,
et qu'elle s'était occupée de l'idée d'une république et de mœurs républicaines long-temps
avant qu'on pensât à la révolution. Elle doit voir
Versailles, elle y va rendre une visite; elle est
logée au château même, de manière qu'elle peut
voir tout ce qui se passe, observer toutes les

personnes : mais elle déclare qu'elle aime mieux voir les statues du jardin que les personnes du château. Sa mère lui demande si elle est contente de son voyage. « Oui, pourvu qu'il finisse bientôt; encore quelques jours, et je détesterai si fort les gens que je vois, que je ne saurai plus que faire de ma haine. — Quel mal te font-ils donc? — Sentir l'injustice et contempler à tout moment l'absurdité. »

Afin qu'on voie clairement comme tout cela tenait aux idées qu'elle avait déjà, dans sa première jeunesse, d'Athènes et des républiques de l'antiquité, ainsi que d'une constitution et des mœurs républicaines, nous rétablissons le passage de ses Mémoires qui suit immédiatement : «Je soupirais en songeant à Athènes, « où j'aurais également admiré les beaux-arts, « sans être blessée par le spectacle du despo-« tisme; je me promenais en esprit dans la Grèce, « j'assistais aux jeux olympiques, et je me dépi-« tais de me trouver Française. »

On voit au premier coup d'œil que ces deux dames, dans les circonstances différentes où elles se trouvaient, devaient juger diversement les événemens et les personnages de la révolution; il est évident aussi que madame Roland pénétrait et jugeait beaucoup mieux ses amis que madame de Staël les siens; quant à leurs manières de juger leurs adversaires, madame de Staël s'en acquittait peut-être avec plus de ménagement : le bon ton lui en faisait déjà une nécessité. Au reste, madame de Staël pourrait avoir une connaissance plus exacte des choses ; mais elle est aussi éprise de la constitution anglaise que madame Roland l'est de ses rêves d'une sage démocratie, non de celle formée par le jacobinisme et la populace de Paris, soutenue par les hommes exaltés du midi de la France. Madame de Staël effleure tout dans ses conversations spirituelles, prend tous les tons, y mêle des anecdotes, mais ne laisse aucune impression durable ; sa pensée ne pénètre pas profondément dans notre âme ; elle est partout brillante, mais on ne reconnaît jamais cette vérité qui vient du cœur et de la conviction. Madame Roland devient violente tout en conservant une certaine dignité ; elle est conduite par un principe qu'elle soutient avec l'opiniâtreté propre aux femmes. Là même où il vaudrait mieux céder, elle ne voit que ses idées, et elle est aveugle pour le reste ; aussi parle-t-elle avec une chaleur et une vivacité qui seraient déplacées dans la société où madame de Staël paraît, et pour laquelle elle est faite. Madame de Staël compose ses jugemens des jugemens d'autrui, et les fait concilier avec un certain parti, avec certaines opinions,

certaines idées de chevalerie moderne. Madame
Roland nous apprend comment elle et le petit
nombre de ceux qui ont mérité sa confiance
ont pensé réellement à une certaine époque. Les
Mémoires de madame Roland, les fragmens de
Buzot et de Barbaroux, peignent avec l'expression de la plus profonde vérité, la passion,
l'ivresse de la liberté, de la vérité, de la régé-
nération d'une nation corrompue; ces nobles
cœurs, égarés par leur propre imagination et
par Rousseau, devinrent les jouets d'hommes
froidement scélérats, qui savaient s'allier à tous
les partis, parce qu'ils n'avaient en vue que leur
intérêt particulier et jamais le bien de l'humanité. La plus grande partie des nombreux amis
de madame de Staël, dont elle ne manque pas
de dire du bien quand l'occasion s'en présente,
ou à qui, lorsqu'elle ne peut louer leur conduite
politique, comme nous le verrons plus tard à
l'occasion de Garat, elle donne toutefois en passant quelque marque de bienveillance, étaient
de ces hommes qui recevaient dans l'affaiblisse-
ment de la puissance du Roi une augmentation
d'influence pour leur famille, ou qui espéraient
une diminution de leurs propres dettes. Talleyrand et d'autres sont à ses yeux ce que sont pour
madame Roland un Brissot, un Buzot, un Pétion,
et même, au commencement, un Robespierre.

Cependant elle apprend bientôt à connaître ce dernier ; il ne peut supporter la supériorité d'une femme. Danton s'irrite de sa vertu ; elle le trouve laid et ignoble. Du reste, nous trouvons l'idée de la démocratie et d'un gouvernement parfait, celle de donner sa vie pour contribuer à l'établir, déjà mûrie dans l'esprit de madame Roland, avant qu'en France on pût même penser à la révolution. Dans une lettre écrite en 1782, elle parle des troubles survenus à cette époque à Genève, et des démêlés de l'aristocratie et de la démocratie au milieu de cet État libre. Elle gémit de ce que l'appui de la France fait triompher le parti aristocratique, et termine par ces mots : « Vertu, liberté, n'ont plus d'asile que « dans le cœur d'un petit nombre d'honnêtes « gens ; foin du reste et de tous les trônes du « monde ! Je le dirais à la barbe des souverains : « on en rirait de la part d'une femme ; mais, par « ma foi, si j'eusse été à Genève, je serais morte « avant de les en voir rire. » Son mari partage ces idées, et est seulement plus calme, plus modéré ; aussi à peine la révolution a éclaté, qu'elle, exprime hautement sa pensée sur ce grand événement, tant à Villefranche, où elle vivait dans le sein de la famille de son époux, qu'à Lyon, où son mari remplissait la place d'inspecteur du commerce et des fabriques ;

elle croit voir l'aurore de plus beaux jours.
« La révolution survint, dit-elle, et nous en-
« flamma (elle et son mari); amis de l'huma-
« nité, adorateurs de la liberté, nous crûmes
« qu'elle venait régénérer l'espèce, détruire la
« misère flétrissante de cette classe malheureuse
« sur laquelle nous nous étions si souvent atten-
« dris; nous l'accueillîmes avec transport. » Plus
loin elle ajoute : « Député, pour les intérêts de
« la ville de Lyon, auprès de l'Assemblée Con-
« stituante, nous vînmes à Paris, où nous con-
« nûmes plusieurs membres de cette assemblée;
« nous nous liâmes naturellement avec eux, qui,
« comme nous, n'aimaient pas la liberté pour
« eux, mais pour elle, et qui, avec nous, par-
« tagent aujourd'hui le sort commun à presque
« tous ses fondateurs, ainsi qu'aux vrais amis de
« l'humanité, tels que Dion, Socrate, Phocion,
« et tant d'autres de l'antiquité; Barnevelt et
« Sydney dans les temps modernes. » Madame
de Staël n'a point cet enthousiasme : elle croit,
comme son père, qu'une constitution étrangere,
fruit d'une lutte de plusieurs siècles, calculée
sur les besoins d'un peuple commerçant et na-
vigateur, sur son caractère national, sur ses
idées religieuses, peut être transplantée, moyen-
nant quelques changemens, au milieu d'une nation qui n'a encore aucune idée des droits du

citoyen et du peuple : elle est touchée des ser-
mons de Necker. Elle admire avec Montesquieu
la constitution de l'Angleterre; elle croit qu'on
donne des constitutions comme on administre
des remèdes. Elle ne connaît ni les espérances
ni les besoins de cette puissante classe du peuple,
avec laquelle elle n'a jamais eu de rapport; elle
ne la connaît que par la lecture des romans. Elle
dit même, en parlant de l'ouvrage de M. Mon-
thyon, où l'ancienne constitution française
est représentée, non comme elle était réellement, mais comme elle aurait dû être, manière
qui commence à redevenir celle des auteurs allemands dans leurs écrits sur le droit public et
l'ancienne constitution de l'empire : « Si tous les
« partisans de l'ancien régime avaient énoncé de
« tels principes, c'est alors que la révolution
« n'aurait point eu d'excuse, puisqu'elle eût été
« tout-à-fait inutile. »

Ces deux différentes manières de voir et de
juger nous font comprendre que l'une adore
Necker, et que l'autre ne le regarde que comme
un charlatan. Il en est de même du ton des salons et des académiciens qui y portaient la parole. Il y avait bien plus de philosophie et une
tournure plus poétique dans les idées de madame
de Staël, qui, regrettant en tous lieux les salons
de Paris, ne donnait, selon les principes du

monde, qu'une valeur relative à tout, même à
ce qu'il y a de plus grand et de meilleur. Madame
Roland est plus entraînante, plus vraie; elle a
plus de chaleur et d'énergie. Elle rencontre à
Lyon quelques coryphées des salons de Paris,
Thomas, l'auteur des Éloges, et le poète Ducis;
elle écrit à cette occasion à une de ses amies :
« Vos messieurs Ducis et Thomas sont à Lyon,
« et s'y prônent l'un l'autre comme les deux
« ânes de la fable. Le dernier s'est avisé de faire
« imprimer des vers à ce Jeannin, que vous con-
« naissez et dont tout le monde se moque. L'aca-
« démicien y loue le charlatan à toute outrance;
« et, pour rendre la chose plus touchante, il a
« inséré dans sa pièce de vers un épisode pour
« Ducis, qui, mourant de frayeur dans un mau-
« vais carrosse en traversant les montagnes de
« Savoie, a fait une assez triste culbute. »

Le jugement des deux dames sur la première
assemblée nationale, la Constituante, est aussi
différent que leurs idées sur la vie en général;
et madame de Staël ne nous donne pas une idée
bien avantageuse de sa manière de juger les
choses sérieuses, quand elle assure, dans le temps
où le bien-être ou le malheur de millions de
Français allait fixer les destinées des générations
futures, qu'il est charmant que les questions
les plus sérieuses soient discutées ou décidées

dans les cercles des dames, et cela avec autant de légèreté qu'on l'eût pu faire d'opéras et de comédies. Madame Roland, au contraire, exprime sa profonde indignation de ce qu'on ne s'occupe que de beaux discours et souvent de discussions tout-à-fait nulles, tandis qu'il faudrait agir et montrer du caractère; elle sent à chaque instant que les femmes ne devraient point se trouver dans les cercles où les circonstances l'ont jetée; aussi se retire-t-elle modestement lorsqu'elle dirige le ministère, et cherche à conserver le caractère propre de son sexe là où elle agit avec le plus d'énergie. Madame de Staël se complaît au milieu de cette foule d'hommes vains et faibles, quoique instruits et aimables, qui viennent lui exposer l'état des affaires, et dont elle est l'oracle. Elle croit pouvoir, comme autrefois, où il ne s'agissait que de simples bagatelles, réconcilier au moyen d'un dîner diplomatique des partis qui sentaient qu'ils allaient ou tout gagner ou tout perdre s'ils saisissaient ou négligeaient le moment favorable. Nous appuierons ceci de quelques passages tirés des écrits des deux dames. Tout le septième chapitre de la seconde partie de ses *Considérations*, où il est question de l'Assemblée Constituante et du ton de la société à cette époque, nous fait voir madame de Staël avec tous les traits du caractère

des femmes, et confirme mieux que tout ce que
ses ennemis pourraient dire, combien les hommes à qui elle souhaite le gouvernement des affaires étaient superficiels et inhabiles. Comme
nous ne faisons pas la critique de son ouvrage,
que nous ne voulons qu'examiner avec quelque
attention le caractère de ces deux dames, et par
occasion quelques événemens de la révolution,
nous renvoyons le lecteur à l'ouvrage de M. Bailleul, qui attaque à la vérité le livre de madame
de Staël avec la violence d'un homme qui fut
employé par différens partis à rédiger des écrits
politiques, qui composa ceux du 18 fructidor,
auxquels Carnot répondit, mais qui ici a certainement raison. Nous ne citerons qu'un seul passage, qui, bien qu'il dénote beaucoup d'esprit,
n'en est pas moins extrêmement léger et superficiel. « Les femmes en Angleterre, dit-elle, sont
« accoutumées à se taire devant les hommes
« quand il est question de politique » (si madame de Staël vivait encore, nous pourrions,
pour la consoler, lui dire que cela a déjà bien
changé). » Les femmes, en France, dirigeaient
« chez elles presque toutes les conversations, et
« leur esprit s'était formé de bonne heure à la
« facilité que ce talent exige. Les discussions sur
« les affaires publiques étaient donc adoucies
« par elles, et souvent entremêlées des plaisan-

« teries aimables et piquantes. » A-t-il tort le jacobin qui s'écrie d'un air de triomphe : Ce chapitre est précieux ! il nous fait connaître quelle
futilité présidait aux destinées des Français?

Madame Roland sent aussi bien que madame
de Staël que l'habitude du monde dès la jeunesse donne d'un côté l'apparence de la supériorité, mais que d'un autre cette habitude ne
l'emporte que là où on se trouve parmi les siens.
Elle dit en parlant du séjour qu'elle fit avec son
mari à Paris, où elle assista aux débats de l'Assemblée Constituante. « Je remarquai avec dé-
« pit, du côté des noirs (les orateurs du parti
« de l'ancien régime), ce genre de supériorité
« que donnent dans les assemblées l'habitude de
« la représentation, la pureté du langage, les
« manières distinguées. » Mais elle ajoute aussitôt après : « Mais la force de la raison, le courage
« de la probité, les lumières de la philosophie,
« le savoir du cabinet et la facilité du barreau
« devaient assurer le triomphe aux patriotes du
« côté gauche, s'ils étaient purs et pouvaient res-
« ter unis. »

Quant au commérage, aux discussions des
salons sur les affaires politiques, aux spirituelles
saillies des femmes, nous trouvons un passage
parfaitement convenable, que nous opposerons
à celui que nous venons de citer de madame de

Staël, qui aime les beaux discours et les saillies. Elle parle des réunions des amis de la constitution républicaine, des Girondins, que Pétion, Buzot, Brissot et d'autres tenaient chez elle en sa présence, mais sans qu'elle y prît part. « Ce « qui me faisait une peine singulière, c'est cette « espèce de parlage et de légèreté au moyen des- « quels des hommes de bon sens passent trois « ou quatre heures sans rien résumer...... J'aurais « quelquefois souffleté d'impatience ces sages « que j'apprenais chaque jour à estimer pour « l'honnêteté de leur âme, la pureté de leurs in- « tentions ; excellens raisonneurs, tous philo- « sophes, savans politiques en discussion ; mais « n'entendant rien à mener les hommes, et par « conséquent à influer dans une assemblée, ils « faisaient ordinairement, en pure perte, de la « science et de l'esprit. » Madame de Staël et ma- dame Roland s'expriment l'une et l'autre sur leur genre d'activité dans la part qu'elles prirent aux démêlés politiques, sur l'idée qu'elles avaient de la convenance ou de l'inconvenance qu'il y avait pour des femmes de se mêler de choses qui ne sont pas de leur sphère. Madame de Staël se vante d'avoir employé les moyens des vieux temps, d'avoir eu recours aux dîners diploma- tiques et à tout ce qui y tient, dans un temps où il s'agissait des droits et des lois des générations

futures, comme s'il avait été question de régler
le rang ou l'avantage de la droite sur la gauche.
Elle dit de la querelle des partis dans l'Assemblée Constituante : « A la cour les deux batail-
« lons de la bonne compagnie, l'un fidèle à l'an-
« cien régime, et l'autre partisan de la liberté,
« se rangeaient en présence et ne s'approchaient
« guère. Il m'arrivait quelquefois, par esprit
« d'entreprise, d'essayer quelques mélanges des
« deux partis, en faisant dîner ensemble les hom-
« mes les plus spirituels des bancs opposés, etc. »

Madame Roland parle d'abord de sa présence
aux délibérations dont nous avons parlé plus
haut; mais elle ne se représente pas, comme au
milieu des cercles, donnant le ton, dirigeant la
conversation, et y mêlant de spirituelles plaisanteries, comme madame de Staël se peint, elle
et ses amies. « Je savais, dit-elle, quel rôle con-
« venait à mon sexe, et je ne le quittai jamais.
« Les conférences se tenaient en ma présence,
« sans que j'y prisse aucune part; placée hors
« du cercle et près d'une table, je travaillais des
« mains, ou je faisais des lettres tandis que l'on
« délibérait; eussé-je à expédier dix missives, ce
« qui avait lieu quelquefois, je ne perdais pas
« un mot de ce qui se débitait, et il m'arrivait
« de me mordre les lèvres pour ne pas dire le
« mien. »

Quant à leur part aux affaires publiques, les visites, les négociations, le soin d'exciter la tiédeur des uns, et cette infatigable agitation des femmes dont madame de Staël se vante, voici un passage de madame Roland au moment où, en parlant de la malheureuse lettre au Roi, à laquelle nous reviendrons plus tard, elle fait mention de l'influence qu'elle eut, et la seule qu'elle voulut avoir sur son mari et sur les affaires publiques. « Beaucoup de personnes ne « m'attribuent quelque mérite que pour l'ôter « à mon mari, et plusieurs autres me supposent « avoir eu dans les affaires un genre d'influence « qui n'est pas le mien. L'habitude et le goût de « la vie studieuse m'ont fait partager les travaux « de mon mari tant qu'il a été simple particu- « lier. J'écrivais avec lui comme j'y mangeais, « parce que l'un m'était presque aussi naturel « que l'autre, et que, n'existant que pour son « bonheur, je me consacrais à ce qui lui faisait « le plus de plaisir... Il devint ministre ; je ne me « mêlai point de l'administration, mais s'agissait- « il d'une circulaire, d'une instruction, d'un « écrit public et important, nous en conférions « suivant la confiance dont nous avions l'usage ; « et pénétrée de ses idées, nourries des miennes, « je prenais la plume, que j'avais plus que lui le « temps de conduire. » Pour apprendre à bien

juger les hommes, la position de madame de
Staël était sans contredit plus favorable que
celle de madame Roland; et cependant, à l'égard
de ses amis, elle se laisse bien plus facilement
éblouir par un vain éclat. Son éducation, la
tournure romantique de son esprit, son inquiète
agitation, lui font découvrir un côté favorable à
chaque chose; elle sait trouver une expression
adoucissante, elle sait se donner l'air de juger,
sans rappeler ce qu'elle a emprunté aux jugemens des autres. Mais on voit bientôt aussi que
celui qui veut être tout partout ne plaît qu'aux
gens du monde et aux partisans des systèmes,
et n'est rien pour les autres. Nous ne voulons
pas rappeler qu'elle cite à chaque instant le nom
de son père, vraie puérilité. Mais que dirons-
nous d'une femme qui, dans le cours de la révolution, vit un si grand nombre d'idoles tour-
à-tour encensées et brisées, qui vit la France
entière, à l'apparition de Bonaparte, lui vouer
une sorte d'idolâtrie, tandis qu'elle aurait dû le
nommer un Robespierre à cheval, ce que les
faiseurs de bons mots du vieux temps répétaient
partout, ne veut voir dans le cri du peuple, lors
du premier renvoi de Necker, qu'une preuve
de l'excellence de ce ministre, et non l'expression du chagrin de voir revenir à un système
désastreux? Elle se montre bien femme, en ci-

tant le témoignage de tel et tel témoin de l'agitation publique, et en rapportant même, dans
l'excès de son zèle, un endroit de la correspondance de Grimm, le commensal journalier de
la maison de Necker. Madame Roland ne se laisse
point éblouir de la sorte; elle dit, par rapport
aux hommes distingués du parti de la Gironde,
qu'elle avait chaque jour occasion de voir et
d'entendre : « Je n'aurais jamais cru, si les cir-
« constances ne m'avaient mise à portée d'en
« faire l'expérience, combien sont rares la jus-
« tesse d'esprit et la fermeté de caractère; com-
« bien peu d'hommes, par conséquent, sont
« propres aux affaires, et moins encore à gou-
« verner. Voulez-vous la réunion de ces qualités
« à un désintéressement parfait, voilà le phénix
« presque impossible à trouver. Je ne m'étonne
« plus que les hommes supérieurs au vulgaire,
« et placés à la tête des empires, aient ordinai-
« rement un assez grand mépris pour l'espèce :
« c'est le résultat presque nécessaire d'une
« grande connaissance du monde. » Sans connaître personnellement Necker, elle nous en trace
une esquisse que nous pouvons opposer au grand
tableau de madame de Staël : « Necker, qui fai-
« sait toujours du pathos en politique comme
« dans son style, homme médiocre dont on eut
« bonne opinion parce qu'il en avait une très

« grande de lui-même, et qu'il l'annonçait hau-
« tement, mais sans prévoyance des événemens;
« espèce de financier renforcé, qui ne savait cal-
« culer que le contenu de la bourse, et parlait
« à tout propos de son caractère, comme les
« femmes galantes parlent de leur chasteté;
« Necker était un mauvais pilote dans la tour-
« mente qui se préparait. La France était comme
« épuisée d'*hommes*; c'est une chose vraiment
« surprenante que leur disette dans cette révo-
« lution; il n'y a guère eu que des pygmées. Ce
« n'est pas qu'il manquât d'esprit, de lumières,
« de savoir, d'agrément et de philosophie; jamais
« ces ingrédiens n'avaient été si communs; c'é-
« tait le nouvel éclat d'un flambeau près de s'é-
« teindre : mais cette *force d'âme* que J.-J. Rous-
« seau a si bien définie le premier attribut du
« héros, seulement de la justesse d'esprit qui
« apprécie chaque chose, de cette *étendue de*
« *vues* qui pénètre dans l'avenir, dont la réu-
« nion constitue le *caractère*, et compose l'homme
« supérieur, on la cherche partout, et on ne la
« trouve presque nulle part. »

Que l'on compare ce passage, si riche de
pensées, avec ces jugemens superbes, élégans,
frappans en apparence, mais au fond ne disant
rien, de madame de Staël sur Mirabeau, Syeyès,
Mounier, Malouet, au chapitre dix-huitième

de la première partie, où il était si important d'approfondir. Brissot, l'ami de madame Roland, celui qui répandait le plus ses idées, qui l'avait introduite dans le monde politique, qui dirigea les négociations entamées pour faire entrer Roland au ministère, est jugé à peu près de même par l'une et par l'autre; toutes deux voient ce qui lui manquait, avec plus de justesse que ne l'auraient fait peut-être des hommes; mais quelle différence dans leur manière de parler de celui qui, comme représentant d'une certaine classe d'hommes, avait, malgré ses faiblesses, une importance marquée dans ces temps d'agitation ! Madame de Staël, qui ne peut assez admirer le jeune de Narbonne, qu'elle fit dans la suite arriver au ministère, dit de Brissot, avec un superbe dédain, que c'est un écrivain sans ordre dans ses principes comme dans son style. Madame Roland reconnaît ses défauts, et est à cet égard en tous points d'accord avec madame de Staël; mais elle fait voir clairement par ce qu'elle dit à sa louange que, sans le savoir, comme sans le vouloir, elle a obéi à son cœur là où son esprit seul devait juger. Nous ferons remarquer à ceux qui ne connaissent pas parfaitement les personnages de la révolution, que, dans le fond, Brissot était une espèce d'aventurier, qui obtint quelque crédit par les circon-

stances et les notions qu'il avait de l'Amérique
septentrionale et de sa constitution, connu en
général par ses connaissances géographiques et
statistiques, qui, alors, n'étaient pas aussi répandues en France qu'elles le sont aujourd'hui.
Au reste, ce que madame Roland dit à son éloge
peut être très vrai. Elle le peint avec beaucoup
de détail ; elle avoue qu'un œil exercé reconnaît
dans ses écrits, même là où il n'y a rien à redire
au fond, la touche hâtive d'un homme qui travaille vite, d'un esprit quelquefois distrait. Les
qualités de son cœur, son désintéressement, sa
simplicité, rachetaient à ses yeux ses défauts.
« Les manières simples de Brissot, dit-elle entre
« autres, sa franchise, sa négligence naturelle,
« me parurent en parfaite harmonie avec l'aus-
« térité de ses principes; mais je lui trouvais
« une sorte de légèreté d'esprit et de caractère
« qui ne convenait pas également bien à la gra-
« vité de la philosophie; elle m'a toujours fait
« peine, et ses ennemis en ont toujours tiré
« parti. » La manière différente des deux dames
de juger les hommes, et surtout leurs amis, l'habitude de madame de Staël de ne considérer que
l'impression qu'ils font sur son caractère, l'effet
qu'ils produisaient dans la société et au milieu
des faiseurs de discours, et la manière tout opposée de madame Roland, paraissent surtout

lorsqu'elles parlent, madame de Staël du ministre de la guerre son protégé, et madame Roland des collègues de son mari au ministère républicain. Avec quelle noblesse elle sait rendre justice à Dumouriez, qu'elle haïssait mortellement! Le ministre de madame de Staël fut M. de Narbonne, qui revint, à deux reprises, un personnage historique; la première fois par l'influence de madame de Staël et de ses amis, immédiatement avant le ministre de la guerre Servan; la seconde fois, lorsque Napoléon l'envoya auprès de l'empereur Alexandre, immédiatement avant la campagne de Russie. Comme nous aurons encore occasion de parler de M. de Narbonne, parce que madame de Staël s'en servit de la même manière que madame Roland se servit de son mari, nous allons le faire connaître un peu plus particulièrement. Il appartenait à cette classe de personnes qui traitent la science de pédantisme, et qui savent tout mieux que ceux dont les manières sont moins élégantes et moins souples. Tout ce qui paraît difficile à d'autres est facile pour eux; ils se chargent de toutes les affaires, parce que leur adresse leur suffit aussi long-temps qu'ils peuvent faire faire l'ouvrage par d'autres. Narbonne s'était lié avec les Noailles, les Lafayette, les Rochambeau, les Lameth, qui, dans les premiers temps de l'Assemblée Législative, occupaient encore le premier rang. Aux yeux de madame de Staël, il avait encore un autre genre d'importance dont elle ne parle pas : il avait été élevé au milieu des dames de la cour ; il était le protégé de la tante du Roi, qu'il avait accompagnée à sa sortie du royaume, peu de temps avant qu'on le fît ministre. Il avait suivi les cours de Koch, de Strasbourg, qu'il retrouva plus tard à l'Assemblée Législative ; il avait aussi travaillé quelque temps sous Vergennes, pour obtenir quelque poste d'ambassadeur ; et, s'étant ainsi occupé des choses les plus diverses entre elles, il avait acquis une certaine facilité de parler en public sans posséder justement beau-'coup d'éloquence.

Madame de Staël, qui lui procura, de concert avec la marquise de Condorcet, un très grand crédit dans les premiers mois de l'Assemblée Législative, dit que c'était un grand seigneur, qualité à laquelle elle paraît attacher un grand prix, un courtisan et un philosophe. Nous serions tenté de rire en voyant réunies ces deux dernières qualités dans le même homme ; toutefois, nous ne parlerons pas du portrait qu'en a fait un de ses amis, en disant que c'était à la fois un homme de cour, d'intrigue et de plaisir ; qu'il avait de l'esprit, de la vivacité,

de la grâce, un excellent ton et beaucoup de fa-
tuité; nous citerons seulement le jugement qu'on
a porté sur lui, et nous demanderons ensuite
comment cet homme pouvait remplir la place
de ministre de la guerre, dans les circonstances
où l'on se trouvait, à la veille d'une guerre, au
milieu d'un grand nombre de factions, et sans
finances. Tous les partis lui accordent toutes les
qualités d'un parfait courtisan; tous convien-
nent qu'il avait le meilleur ton, qu'il avait toujours quelque repartie spirituelle toute prête;
qu'il parlait avec facilité sur tous les sujets, qu'il
enchantait les femmes et leurs maris en même
temps; que, à côté de madame de Staël, qui
était elle-même célèbre par la vivacité de son
esprit, il dominait complétement madame de
Condorcet, connue par sa beauté; que cette
dame, ou plutôt son mari, qui était un philosophe, le recommandait aux républicains, tandis
que madame de Staël l'appuyait auprès des
hommes monarchiques. On reconnaîtra ici tout
l'ancien système, tous les usages de l'ancien régime, avec quelques légers changemens dans la
forme, tant chez madame de Staël que chez son
protégé; c'est comme quand la reine recommande Necker pour administrer les finances. Madame Roland part d'un tout autre point de vue.
Nous n'avons qu'à citer les jugemens qu'elle

porte sur les collègues de son mari pour prouver qu'elle voyait parfaitement combien peu ses
amis étaient en état de réaliser ses idées; combien ils étaient au-dessous des circonstances.
Elle nomme Lacoste « un véritable commis de
bureau de l'ancien temps, ne manquant point
de ces moyens que donne la triture des affaires. » Elle lui reproche ensuite « une violence de
caractère dont les emportemens dans la con-
tradiction allaient jusqu'au ridicule. » Enfin elle
lui refuse « l'étendue de vues et l'activité néces-
saires à un administrateur. » Ce n'est que quand
elle parle de Duranton qu'elle laisse apercevoir
quelque chose du caractère de son sexe. Nous
verrons plus bas qu'il fut le seul qui opposât à
sa violence le calme et la froide réflexion. Elle
ne lui pardonna jamais. Louvet, à qui le ministère de la justice avait d'abord été destiné, semble être d'accord avec madame Roland à l'égard
de Duranton; cependant tous deux le jugent
trop défavorablement. Madame Roland dit « qu'il
était honnête, mais très *paresseux*; qu'il avait
l'air vain, et qu'il ne lui avait jamais paru qu'une
vieille femme par son caractère peureux et son
important radotage. » « Clavière, dit-elle, et ici
« elle fait preuve de modestie, précédé au minis-
« tère par une réputation d'habileté dans la
« finance, a, je crois, dans ce genre, des connais-

« sances dont je ne suis pas juge. Actif et travail-
« leur, irascible par tempérament, opiniâtre,
« pointilleux et difficile dans la discussion. » Elle
accorde au ministre qui vient ensuite, à Servan,
beaucoup de bonnes qualités ; « mais, ajoute-
t-elle, il ne lui aurait fallu que plus de froideur
dans l'esprit et plus de force dans le caractère. »
Le jugement qu'elle porte sur Dumouriez est le
plus remarquable ; nous n'en citerons que quelques traits, parce qu'elle y oublie tout-à-fait son
aversion pour lui. « Dumouriez avait plus que
« les autres ministres tout ce qu'on appelle de
« l'esprit, et moins qu'aucun, de moralité. Dili-
« gent et brave, bon général, habile courtisan,
« écrivant bien, s'énonçant avec facilité, capa-
« ble de grandes entreprises ; il ne lui a manqué
« que plus de caractère pour son esprit, ou une
« tête plus froide pour suivre le plan qu'il avait
« conçu. Plaisant avec ses amis, et prêt à les
« tromper tous. »

Cette même différence de caractère qui se
manifeste dans les jugemens de ces deux dames
sur leurs amis et leurs partisans, se fait voir
encore lorsque toutes deux, par une lettre remarquable, amenèrent un changement de ministres, et qu'elles hâtèrent malgré elles le
mouvement de la révolution. Madame de Staël
passe légèrement sur la part qu'elle eut à cet

événement; mais madame Roland se vante de celle qu'elle y prit; ainsi nous nous occuperons de la coopération de l'une à cette affaire un peu plus qu'elle n'a jugé elle-même à propos de le faire, et nous écouterons ce que l'autre nous dit de sa conduite. Il est certain que l'une et l'autre se trompèrent sur leur position sociale et leur destination; elles cherchèrent le mérite là où il n'y en a point à acquérir, et elles ne se mêlèrent des affaires publiques que pour le malheur des Français. Pour ce qui est de Narbonne et de madame de Staël et de sa lettre, voici ce qui se passait : l'Assemblée Législative était réunie, la nullité de la constitution évidente, la supériorité du parti démocratique visible, la cour avait des intelligences avec les cours étrangères et les émigrés, qui se préparaient à faire la guerre; les ministres de Lessart, Bertrand de Molleville, et avant lui Montmorin, étaient haïs du peuple, qui les désignait sous le nom de *comité autrichien.*

C'est au milieu de ces circonstances, le 6 décembre 1791, que Narbonne, porté par madame de Staël et son parti, fut chargé du ministère de la guerre. Il n'y avait alors à la tête des armées que des amis de madame de Staël, Rochambeau, Lafayette et autres; le vieux Luckner n'était qu'un vain nom qu'on mettait en avant. La gloire et les combats pour la liberté étaient les mots éclatans qui retentissaient sans cesse dans les salons de madame de Staël; la guerre était le mot du jour; la défense de la patrie attaquée par les étrangers était le prétexte, quoiqu'on n'eût aucune attaque à craindre du vivant de Léopold. Les républicains, c'est-à-dire les amis de madame Roland, ou ces hommes estimables qui voulaient triompher dans ce combat politique, par leurs principes et leur enthousiasme, et non par le soulèvement du peuple et l'assassinat, furent gagnés par Condorcet pour le parti de la guerre et pour Narbonne, comme les modérés le furent par madame de Staël. Mais les partisans de l'ancien régime et les jacobins de toutes les couleurs, c'est-à-dire les plus violens adversaires de la nouvelle constitution, ne voulaient pas y consentir. Robespierre s'éleva contre les plans de guerre de Narbonnè; la cour, surtout le ministre des affaires étrangères, de Lessart, avait de la défiance. Madame de Staël et les siens ne parlaient que de guerre et de victoire, et faisaient ainsi tendre à un même but le Roi et les jacobins, parce que tous deux voulaient maintenir la paix à l'extérieur.

Pour faire voir clairement combien il y avait de légèreté et d'exaltation dans le parti dont madame de Staël était l'âme, nous ferons encore observer que, justement dans le temps où ce parti était en guerre ouverte avec la portion du ministère qui avait la confiance de la cour, il conçut le projet le plus extravagant du monde, d'enlever le Roi de Paris, où sa sûreté était menacée. Il s'agissait de faire échapper le Roi par Pontoise et Dieppe, de le faire passer par mer à Ostende, de là gagner Metz, où il devait être reçu par Rochambeau et Lafayette, auprès desquels le ministre s'était rendu à cet effet. Narbonne, à la tête de la garde royale et de quelques milliers de gardes nationaux du département du Jura, devait enlever de force le Roi. On voit que ce plan était aussi conforme aux idées romantiques de madame de Staël qu'impraticable et ridicule au milieu des circonstances où l'on se trouvait, quoique Talleyrand, alors à la tête du département de la Seine, en fût instruit, et qu'il l'approuvât. Le Roi, comme on s'y attend, ne voulut entendre parler ni de guerre ni de fuite. Narbonne et les autres ministres étaient divisés, madame de Staël indignée ; et, sans réfléchir que le Roi va être accusé si les deux ministres sont repoussés, elle n'en résout pas moins de faire une espèce d'appel au peuple, de porter une accusation indirecte contre les ministres, ce qui ne pouvait être que fort agréable aux violens ennemis de la constitution. On s'assemble chez madame de Staël, l'on décide que Narbonne écrira aux trois généraux, Rochambeau, Lafayette, Luckner; qu'il leur déclarera son mécontentement à l'égard de la cour, en expliquera les motifs, et annoncera son projet de donner sa démission, et madame de Staël rédige la lettre, qui en effet est envoyée. Les trois généraux répondent en protestant. Maintenant il s'agit de faire imprimer ces lettres. Narbonne hésite à accuser formellement le Roi; madame de Staël, sans consulter le ministre, envoie les lettres au journal de Paris, et Narbonne n'a pas le courage de déclarer publiquement qu'il n'est pour rien dans cette démarche. Cependant madame de Staël passe tout cela sous silence, et même elle ne s'exprime que d'une façon vague et générale sur la fin. Le ministre de la guerre fut renvoyé, et, par ce motif même, élevé jusqu'au ciel pendant quelques momens. De Lessart fut déclaré en état d'accusation, arrêté, assassiné plus tard, et le Roi se décida à appeler Dumouriez et les républicains au ministère. Le premier effet de la démarche de madame de Staël fut qu'elle perdit toute influence dans les affaires.

C'est ici que commence le rôle public de madame Roland, dont le mari se trouvait au nom-

bre des nouveaux ministres. Roland persuada à ses collègues, Dumouriez excepté, de tenir leurs délibérations dans sa maison, où sa femme était présente. Roland et ses amis se trouvèrent bientôt dans la même position que Narbonne avant eux; madame Roland devint impatiente, comme madame de Staël l'avait été; elle eut comme elle l'idée d'écrire une lettre en faveur des siens. Cette lettre d'accusation contre la cour était rédigée dans un ton bien différent que celle de madame de Staël; cependant madame Roland ne se cache point de sa conduite, elle se vante d'avoir écrit cette lettre, et blâme ceux qui ne voulurent pas la signer. Madame Roland se défia de Dumouriez dès la première fois qu'elle le vit; il lui était supérieur, et riait de sa vertu et de son enthousiasme; il ne fit usage ni de ses conseils ni de sa plume, et quant à sa beauté, il parut peu s'en occuper. Il n'était pas assez tendre pour soupirer. Elle dit à ce sujet :
« Le premier aperçu de Dumouriez me faisait
« trouver une si grande dissonance avec Ro-
« land, qu'il ne me semblait pas qu'ils pussent
« long-temps aller ensemble. Je voyais, d'un
« côté, la droiture et la franchise en personne,
« la sévère équité, sans aucun des moyens des
« courtisans, ni des ménagemens de l'homme
« du monde; de l'autre, je croyais reconnaître

« un roué très spirituel, un hardi chevalier qui
« devait se moquer de tout, hormis de ses inté-
« rêts et de sa gloire. » Elle se fiait aussi peu au
Roi, par la raison qu'elle était persuadée que,
par sa position et l'éducation qu'il avait reçue,
il n'approuverait jamais ses principes républicains; que par conséquent le projet d'une république était impraticable, aussi long-temps que
les émigrés et les partisans de la vieille forme
de gouvernement trouveraient un appui en lui.
Son jugement sur Louis XVI, comme homme
privé, est sage et modéré; mais comme Roi,
elle pense qu'il ne peut avoir approuvé fran-
chement ce qui s'est passé dans les derniers
temps; c'est pourquoi elle est d'avis qu'il vaut
mieux amener une rupture formelle avec lui.
Elle croyait reconnaître son mécontentement de
l'état des choses à la manière dont le conseil des
ministres se tenait chez le Roi, à la politesse du
Roi quand il s'entretenait avec les ministres sur
d'autres objets, à sa réserve quand il s'agissait
d'affaires; outre cela, elle voyait très bien, par
la position que Dumouriez avait prise entre le
Roi et les ministres, que ses idées ne se réalise-
raient jamais, tant que les choses resteraient sur
ce pied; elle résolut d'y mettre un terme. Elle
dit en propres termes : « Nous avions déjà gémi,
Roland et moi, de la faiblesse de ses collègues.

Les lenteurs du Roi nous avaient fait imaginer qu'il serait d'un grand effet de lui adresser collectivement une lettre qui exposât toutes les raisons déjà énoncées au conseil, mais dont l'expression écrite, signée de tous les ministres, avec la demande de leur démission, si Sa Majesté croyait ne pas devoir agréer leurs représentations, forcerait la main au Roi, ou le mettrait à découvert aux yeux de la France. »

L'occasion s'en présenta bientôt lorsque le Roi refusa sa sanction à deux projets de loi. Ici madame Roland ne paraît pas parfaitement vraie; elle ne parle pas de la proposition de Servan, de faire venir vingt mille hommes de troupes dans le voisinage de Paris; elle ne fait mention que de la violence de la loi contre les prêtres non assermentés. Le Roi s'étant opposé avec fermeté à adopter les deux décrets, elle composa une première lettre que Roland devait communiquer aux autres ministres, puis la leur faire signer et la présenter au Roi. On sera curieux de savoir ce qu'une femme qui ne prend part que depuis dix-huit mois aux affaires publiques, et qui ne connaît encore qu'imparfaitement les personnes et les choses, peut avoir à dire ou à conseiller non à son mari, ni aux ministres qui connaissaient les affaires aussi peu qu'elle, mais au Roi. La lettre ne contient autre chose qu'une explication de la conduite qu'elle, madame Roland, tiendrait dans les circonstances présentes, selon ses idées et sa manière de voir. Cette lettre se trouve dans les *éclaircissemens* et *pièces officielles* qu'on a ajoutés aux Mémoires de madame Roland, dans la collection des Mémoires relatifs à l'histoire de la révolution de France; mais on s'imaginera facilement que madame de Staël était plus propre à écrire une semblable lettre que madame Roland; et en effet, celle qu'elle écrivit pour Narbonne était rédigée dans un ton bien différent de celui des deux lettres de madame Roland, tant de celle qu'elle présenta aux ministres que de celle qu'elle fit remettre plus tard par son mari. Cette pièce avait un peu l'air d'un sermon politique; aussi les ministres sentirent-ils tous plus ou moins l'inconvenance d'une semblable lettre de reproches et de menaces à leur Roi. Clavière voulait qu'on en retranchât différentes phrases; Duranton voulait attendre, et Lacoste ne se pressait point non plus de signer. Madame Roland, sans réfléchir que la résolution du moment ne doit point décider dans les affaires d'État comme dans les affaires privées, parce qu'on ne peut pas en calculer les suites, pense que des mesures de ce genre doivent être l'effet d'un sentiment vif et d'une prompte observation. Un des collègues de Roland, Duranton, ministre de la justice, a exposé dans un écrit les motifs qui l'ont engagé à ne pas signer la lettre, et cette lettre, comparée avec ce que madame Roland dit de son opinion sur cette affaire, fait mieux voir que toute autre chose combien il est malheureux que, dans les affaires publiques, on consulte plus son cœur que sa raison et son esprit. Duranton fait observer une chose qui a échappé à madame Roland dans sa fierté républicaine, c'est que les ministres, en même temps les serviteurs du Roi et du peuple, n'ont point le droit de négliger ce qui les touche de plus près, pour s'élever à la haute vocation qui préoccupe madame Roland. Un passage de cette lettre présente surtout sous son véritable jour la démarche que Roland voulait faire à l'instigation de sa femme, et qu'il fit effectivement plus tard. De deux choses l'une, dit Duranton, ou le Roi, après une mûre réflexion, ne fera pas ce qu'ils demandent dans la lettre; et vraiment cette lettre n'est pas capable de l'engager à s'imposer sincèrement les sacrifices qu'ils exigent de lui; ou s'il cède, il n'est que trop probable qu'il conservera au fond de son cœur un profond ressentiment de la violence qu'on lui fait. Ainsi, ou la démarche serait inutile, ou, si elle ne l'était pas, elle pourrait devenir dangereuse dans ses résultats, peut-être même inutile et dangereuse en même temps. Je le répète, notre position comme ministres nous interdit une semblable démarche. Comme notre premier devoir est de demander au Roi les lois qui assurent le bien public, nous nous mettons nous-mêmes hors d'état d'atteindre notre but, en le prévenant contre nous, en éveillant en lui une prévention secrète contre nos avis. C'est à quoi nous ne devons point nous exposer, à moins que la certitude de garantir l'État ou la personne du Roi d'un grand danger, ne nous fasse une loi de nous élever au-dessus de ces considérations. Madame Roland, qui dans cette occasion fait paraître moins d'enthousiasme républicain et d'opiniâtreté, n'est point déconcertée dans son plan par le refus des autres ministres et les sages représentations de Duranton ; elle renonce bien à l'idée d'entraîner les autres ministres dans cette démarche, mais elle écrit une nouvelle lettre que son mari seul remettra au Roi. Roland devait non seulement présenter cette lettre au Roi, mais encore la lire en présence des ministres, et ainsi lui faire en quelque sorte des remontrances en présence de ses propres serviteurs, et lui indiquer la manière dont il devait se conduire. Cette seconde lettre se trouve également dans les *éclaircissemens* et *pièces officielles* que nous avons cités plus haut. Madame Roland s'attendait, aussi-bien que madame de Staël, à ce que sa lettre la perdrait, elle et ses amis, auprès du Roi. Pache, qui fut ensuite ministre de la guerre, et qui, en qualité de maire de Paris, contribua à fonder la domination des Jacobins, et qui devint l'ennemi le plus acharné de madame Roland et de tous ceux qui ne voulaient pas accumuler crime sur crime pour atteindre leur but, ou sauver la patrie, qu'on pouvait sauver sans crime, était justement présent à la lecture de la lettre. Madame Roland est fière d'avoir été alors plus hardie que lui. Il est remarquable d'entendre cette dame généreuse, incapable d'aucune pensée basse, aussi peu que d'aucune pensée cruelle, s'expliquer au moment où elle est elle-même poursuivie et vouée à la mort, sur la précipitation avec laquelle elle avait alors agi. L'ivresse de l'inspiration ne s'est point dissipée, les suites de sa démarche ne l'ont point instruite; elle se fait gloire de la rapidité de la rédaction de cette malencontreuse lettre : «Elle fut « tracée d'un trait, dit-elle, comme à peu près « tout ce que je faisais de ce genre; car sen- « tir la nécessité, la convenance d'une chose, « concevoir son bon effet, désirer de le pro- « duire, et jeter en moule l'objet dont cet effet « devait résulter, n'était pour moi qu'une même « opération. Il était présent dans le cabinet de

« mon mari, ce Pache qui, dans la même année,
« fit calomnier Roland, et nous fait poursuivre
« aujourd'hui comme ennemis de la liberté,
« lorsque nous lûmes entre nous cette lettre.
« C'est une démarche bien hardie », disait alors
« cet hypocrite que je prenais pour un sage.
« Hardie? sans doute, mais elle est juste et né-
« cessaire; qu'importe le reste? »

Pour ce qui concerne les lois d'une sévère
morale, ces deux dames, jetées au milieu des
troubles de l'État, arrachées à la sphère de leur
sexe, étaient ou au-dessus ou au-dessous de la
morale. Elles auraient dû l'une et l'autre adopter
la morale politique; mais madame Roland ne
put s'y résoudre comme madame de Staël. Celle-
ci sait avec beaucoup d'art donner des motifs à
sa conduite, lorsqu'elle cherche à excuser le Roi
dans des termes qui semblent dire beaucoup,
mais qui au fond sont ridicules; « que, s'il a pu
feindre comme Roi, il a été vrai comme martyr.»
Madame Roland au contraire se prononce ouvertement contre tous les hommes sans morale,
et contre toutes les mesures violentes que ses
amis, tels que Buzot, Barbaroux, d'ailleurs honnêtes et purs, approuvaient ou employaient
même. Elle ne peut ni ne veut cacher qu'elle
savait très bien qu'on voulait recourir à des
moyens violens; mais elle n'excuse point ces

moyens, comme on l'a fait dans ces derniers
temps en France, en alléguant la nécessité de
garantir la patrie des attaques dont elle était
menacée du dehors; motifs dont on ne trouve
aucune trace dans les Mémoires des Girondins,
ni dans ceux des Jacobins, parce que tout y est
calculé dans des vues de politique intérieure.
Quant aux momens décisifs, c'est-à-dire depuis
le 10 juin jusqu'au 10 août 1792, madame de
Staël en trace un tableau poétique, mais à la
manière des femmes, plein de vie et toujours
rattaché à quelque intérêt personnel ou à quelque incident particulier, que les hommes, quand
leurs pensées se dirigent sur un événement important et sur ses causes, perdent tout-à-fait de
vue, et que les femmes, en s'occupant d'objets
étrangers, n'oublient jamais. C'est ainsi que, le
14 juillet, elle suit partout au milieu de la foule
la tête poudrée du Roi; et cette tête poudrée
qui se distingue des autres, l'occupe tellement
qu'elle remplit une demi page des *Considérations*. Sa manière d'envisager ses amis et leurs
actions chevaleresques a quelque chose de ridicule, lorsque, au chapitre neuvième de la troi-
sième partie, elle vante les exploits et l'héroïsme
des Narbonne, Lally, Castellane, Montmorency,
se rassemblant au 10 août, derrière le château,
sans qu'on remarque nulle part qu'ils y aient

été. Madame Roland est plus grave; elle aime mieux ne pas parler de toute la période du mois de juin au mois d'août, que de chercher à défendre des choses qu'elle ne veut point défendre, et sur lesquelles elle exprime sa désapprobation en termes généraux. « Les vrais patriotes lais-« saient aller cette meute bruyante comme des « chiens d'arrêt (les Marseillais, la populace, les « criminels à gages), et peut-être n'étaient pas « fâchés de s'en servir comme d'enfans perdus « qui se livrent à l'ennemi. Ils ne calculaient pas, « dans leur haine du despotisme, ajoute-t-elle, « que, s'il est permis en politique de laisser faire « de bonnes choses par de méchantes gens, ou « de profiter de leurs excès pour une fin utile, « il est infiniment dangereux de leur attribuer « l'honneur des unes, ou de ne pas les punir des « autres. »

La même impartialité, la même droiture éclate encore dans ses jugemens sur les hommes de l'époque. Nous en citerons quelques uns dont madame de Staël et madame Roland ont fait l'une et l'autre mention.

Madame de Staël dit, en parlant de Pétion, dont le nom doit être cité toutes les fois qu'il est question de la révolution : « Nom misérable, « que le mal qu'il a fait ne pourrait sauver de « l'oubli. » On aurait plutôt sujet de le plaindre d'avoir acquis une immortalité dont il se serait bien passé; mais il serait difficile de lui refuser cette immortalité. Nous n'avons pas dans ce moment les Mémoires de madame de Genlis, qui au reste ne se distinguent pas par un grand caractère de vérité; nous ne pouvons pas comparer le jugement de ces deux dames de la bonne société sur un homme que madame de Genlis au moins a connu particulièrement pendant un certain temps; madame Roland le juge avec la plus grande impartialité, quoiqu'il ait été de ceux qui l'introduisirent sur la scène du monde. Elle avait déjà fait la connaissance de Pétion, dans le temps de l'Assemblée Constituante, et il était du petit nombre de ceux qui, selon elle, étaient restés fidèles à leurs principes; il était aussi de ces députés peu nombreux qui s'assemblaient chez madame Roland avec son mari. « Buzot, Pétion, Robespierre, dit-elle, restèrent seuls fidèles à leurs principes jusqu'à la clôture de l'assemblée; la plupart des autres s'étaient refroidis. » On voit dans ce jugement la précipitation des femmes. Les autres étaient plus tranquilles et plus froids et croyaient avoir assez fait. Au reste, quant à Pétion, elle loue la sérénité de son humeur, et dit que c'est l'effet d'une bonne conscience; elle loue de plus sa franchise, qui se peignait dans ses traits aussi-bien que sa gaîté.

Elle ajoute enfin que, comme maire, il s'est conduit avec prudence, mais qu'il a mis une confiance trop absolue dans les hommes, qu'il avait trop d'abandon, qu'il était d'un caractère trop pacifique pour prévoir les orages ou les conjurer. Dans ses écrits et dans ses discours, dit-elle, on trouve un esprit judicieux, de la bonne volonté, du bon sens, mais peu de talent. Elle le nomme un orateur froid, lâche dans son style comme écrivain. Elle pense avec raison qu'il eût été un excellent citoyen d'une république déjà organisée, mais qu'il n'eût pas été capable de fonder une république au milieu d'un peuple corrompu. Elle porte également un jugement plein de justesse sur Garat et Barrère, dont la carrière politique ne faisait proprement que commencer lorsqu'elle écrivait ses Mémoires. Elle dit que, si Garat et Barrère eussent été de simples particuliers, on ne leur aurait pas refusé de l'esprit et de la probité ; mais que l'un comme ministre, l'autre comme législateur, auraient ruiné tous les États du monde. Leur audace de vouloir tout réunir ou tout rapprocher, leur faisait toujours prendre des chemins obliques qui les conduisaient tout droit dans l'abîme et dans le désordre. Nous ajouterons ici le jugement de Buzot sur Garat, parce que ce jugement se trouve confirmé par toute la vie de Garat. On apprendra en même temps à connaître cet homme austère, le seul qu'on puisse sous ce rapport placer à côté de madame Roland. Les autres républicains étaient tous ou dépourvus de moyens, ou fanatiques et trop jeunes, comme Fonfrède et Ducos, ou systématiques comme Condorcet. Avant de citer ce passage des Mémoires de Buzot, nous ferons remarquer en passant quel contraste il y a entre la manière de madame de Staël, de dire en termes élégans des choses flatteuses sans vérité, et celle de madame Roland, dont les discours sont toujours pleins de franchise et de vérité. C'est comme quand nous entendons, ce qui arrive souvent à présent, un homme à système employer le langage pompeux de son maître, et à côté de lui un homme d'un esprit simple, qui ne consulte que le bon sens et l'expérience. Madame de Staël trouve Garat dans une position où elle croit devoir le ménager; d'ailleurs il a fait grand bruit des idées de Necker. Elle ne peut louer son zèle politique peu de temps avant la terreur, elle ne peut trouver bien qu'il ait accepté le ministère de la justice après que Danton avait été ministre, et lorsqu'on ne croyait proprement plus à la justice; il faut cependant qu'elle donne des éloges; en conséquence elle parle de son mérite littéraire, quoiqu'elle sache très bien ce qui en est. « Garat, dit-elle alors

« (à l'époque de la mort du Roi), ministre de la
« justice, et dans dés temps plus heureux pour
« lui, un des meilleurs écrivains de la France. »
Ce genre d'éducation où tout est calculé pour
l'apparence, pour l'éclat des paroles, jamais
pour la vérité ou les faits, se caractérise parfaitement dans ce passage. Comme Buzot, qui
peut-être est un peu trop sévère, parle surtout
de l'activité littéraire de Garat, et que nous par-
tageons entièrement son sentiment, nous citerons cet endroit de ses Mémoires : « Garat, dit-il,
sous l'ancien gouvernement, était de cette classe
d'hommes qui portent à Paris le titre un peu
vague d'hommes de lettres. On donnait ordinairement ce titre aux personnes qui vivaient à faire
ou à parler de l'esprit. Garat tenait bureau au
Lycée, et jetait parfois quelques fleurs dans le
Mercure ou dans les autres journaux, où ceux
qui ne pouvaient pas atteindre, avec d'Alembert
et Condorcet, le premier rang en matière de
philosophie, se contentaient de déposer leur
encens sur les derniers degrés. Garat, continue-
t-il, avait surtout le talent de servir par ses discours les gens qui occupaient les hautes places,
et de flatter les idées dominantes. On le voit flatter bassement tour à tour tous ceux qui étaient
arrivés au faîte de leur puissance et de leur crédit,
et insulter ensuite sans pudeur et sans bonne foi

ces mêmes hommes quand ils étaient tombés. Ce pygmée, qui avait proclamé partout d'abord les idées de Necker, puis celles des soi-disans constitutionnels ou partisans d'une monarchie tempérée, devint plus tard le panégyriste de Pétion et autres. » Cette manière en même temps poétique et politique de se former des principes, une ligne de conduite et des jugemens sur les hommes selon les circonstances et les besoins, est un talent qui a fait traverser toute la révolution à Garat et à madame de Staël, et leur a toujours donné les moyens de se procurer du crédit. Madame Roland avec sa morale se perd dès le commencement, et entraîne ses amis avec elle. Cependant nous ne refuserons pas notre admiration à son courageux dévouement dans tout ce qu'elle a une fois reconnu bon et vrai.

Roland, Clavière, Servan, entrent au ministère après le 10 août avec Danton; celui-ci avoue que ce sont les boulets tirés contre les Tuileries qui l'ont porté au ministère : ce n'est pas là qu'il faut chercher la morale. Madame Roland ne peut pas se décider à sacrifier comme madame de Staël la morale à la politique, parce qu'elle était moins adroite, moins familière avec la tactique du monde où elle se trouvait tout d'un coup portée. C'est ce que prouve le jugement qu'elle porte sur la composition du ministère après l'établissement de la république, comparé à un passage où madame de Staël se vante d'avoir sauvé un jeune homme dont la vie n'eût peut-être pas été en danger si elle ne s'était pas tant occupée de lui. Madame Roland déclare hautement que rien de ce qui est en soi défendu ne peut être justifié par l'intérêt politique; elle brouille son parti avec Danton, qui connaissait alors tous les ressorts secrets et qui dirigeait la révolution. Si nous devons, sous le rapport de la morale, louer sa conduite envers Danton et la populace qu'il faisait agir, nous devons également avouer en toute franchise que l'héroïsme moral de madame Roland et de ces hommes généreux qu'elle inspirait était une faute politique et un grand malheur pour la France. Pour rendre le contraste plus frappant, nous allons d'abord rapporter la conduite de madame de Staël pour délivrer un homme privé, puis la fière austérité de madame Roland et de ses amis, et nous puiserons dans ses propres récits. Pour sentir combien madame de Staël, dans le temps qu'elle s'intéressait au sort de ses amis politiques de France, et qu'elle cherchait à sauver des gens qu'elle ne connaissait pas, eut de tort envers le pays où elle avait alors fixé son séjour, envers Genève et le canton de Berne auquel appartenait le pays de Vaud, il faut savoir que, tant à

Genève qu'à Berne surtout, il y avait une aristocratie qui était devenue, par plus d'un motif,
odieuse au gouvernement français d'alors, et
qui se trouvait dans une position difficile entre
les Français et ses propres sujets, parce que les
principes démocratiques qui l'emportaient en
France avaient singulièrement encouragé les espérances de la partie de la bourgeoisie accou-
tumée à obéir, et que les seigneurs de Berne ne
jouissaient pas, dans leur pays, d'une plus grande
considération que les seigneurs français dans le
leur. Madame de Staël raconte comment elle-
même a échappé au tumulte de la terreur, et
comment en même temps elle a recueilli auprès
d'elle quelques uns de ces Français qui, d'intelligence avec l'étranger, s'avançaient hostilement
contre leur malheureuse patrie. Au nombre de
ses anciens amis de Paris se trouve le marquis de
Jaucourt, qui a été à la tête d'un corps de l'ar-
mée de Condé, et qui désire faire sortir son
neveu de France. Le jeune homme, du Chayla,
est en France, en âge de servir dans les armées,
mais il n'est menacé d'aucun danger imminent;
il sera probablement appelé à entrer dans l'ar-
mée des princes contre la France; néanmoins
madame de Staël lui envoie un faux passe-port
suisse, et se justifie en disant qu'elle pensait
qu'il était permis de tromper la tyrannie. Elle

oublie que Danton et ses compagnons agissaient
d'après le même principe, et qu'ainsi il fallait
commettre une double fraude, ou faire interve-
nir une puissance. Cependant, comme personne
ne courut de danger et qu'il n'y eut proprement pas de crime commis, il ne serait pas équi-
table de vouloir y regarder de trop près. Mais
on alla plus loin : on commit non seulement un
crime puni par toutes les lois, mais on entraîna
un homme, d'ailleurs très respectable, à oublier
son devoir et à se rendre coupable d'une double
faute, d'abord d'une falsification, puis d'un abus
de pouvoir, et de la violation de ses devoirs envers une puissance voisine, qui, au moins dans
le moment où elle examinait un passe-port, était
dans ses droits et n'était en aucune façon tyran-
nique : tout cela pour sauver le fils d'un émigrant
d'un danger qu'il avait pu prévoir. Le passe-
port suisse du jeune du Chayla fut suspecté
par les autorités des frontières françaises ; on
exigea que le bailli de Nyou, alors M. de
Reverdil, une ancienne connaissance de la famille Necker, réclamât le jeune homme comme
sujet vaudois. Ce brave citoyen, avoue-t-elle
elle-même, se refusa long-temps à sacrifier son
devoir, évident à ses yeux, à des considérations
et à des intérêts particuliers, à l'exemple des
cercles où madame de Staël présidait ; mais en-

fin ses longs artifices l'amenèrent à consentir à commettre une falsification qui, toute intention mise à part, le rendait criminel et pouvait jeter son canton et des milliers d'hommes dans le plus grand danger. Il ne vient point à l'esprit de madame de Staël qu'elle est plus près de Danton qu'elle ne le soupçonne; tous deux tombaient à un point de la politique où madame Roland n'était jamais venue. Si dans une affaire particulière on a pu s'exposer de la sorte, quel crime public ne pourrait-on pas excuser en alléguant le salut de l'État ? C'est ainsi que parlait Danton lorsqu'il organisait les massacres de septembre, et madame Roland a très bien montré combien peu elle était propre, avec ses sévères principes, à soutenir le rôle politique dont elle s'était malheureusement chargée. Elle parle du temps où Danton faisait partie du ministère avec son mari, Clavière et Servan, et prenait ses mesures pour amener les massacres de septembre 1792. « Danton et Fabre, c'est ainsi qu'elle s'exprime, ces« sèrent de venir me voir dans les derniers jours « d'août; ils ne voulaient pas sans doute s'expo« ser à des yeux attentifs lorsqu'ils chantaient « les matines de septembre, et ils avaient assez « jugé ce qu'étaient Roland et ses entours. Un « caractère ferme, élevé et franc, des principes « sévères manifestés sans ostentation, mais sans

« gêne, une conduite égale et soutenue, se des-
« sinent d'abord à tous les yeux. Ils conclurent
« que Roland était un honnête homme, avec le-
« quel il n'y avait rien à faire en entreprises de
« leur genre; que sa femme n'offrait aucune
« prise par laquelle on pût influer sur lui; que,
« tout aussi ferme dans ses principes, elle avait
« peut-être plus de cette sorte de pénétration
« propre à son sexe, dont les gens faux ont à se
« défier davantage; peut-être aussi augurèrent-
« ils qu'elle pouvait quelquefois tenir la plume;
« et qu'en somme un tel couple, fort de rai-
« son, de caractère, avec quelques talens, pou-
« vait nuire à leurs desseins, et n'était bon qu'à
« pèrdre. »

Nous ferons voir plus tard que madame Roland et tout son parti se perdirent justement
par leur continuelle résistance au seul homme
de l'école de Mirabeau qui eût de l'éclat parmi
les républicains. Ils avaient l'héroïsme de la morale; il fallait dans ces temps un héroïsme politique, qui ne compte pour rien la vie des hommes
et la morale; et c'est celui que madame Roland
ne possédait pas. Madame Roland, considérée
comme caractère, mérite notre admiration; mais
comme l'œuvre d'un parti nous devons la plaindre
elle et tous ceux qui partagèrent ses idées; c'est
ce qu'on verra clairement quand nous présen-

terons cette généreuse dame et ses amis aux prises avec le terrible Danton, qui, dans son genre, donna des preuves de génie, en nous rappelant que madame de Staël se conduisit bien différemment envers un homme dont nous supposons le nom assez connu, et qui par son audace et le nombre de ses vices et de ses crimes égala Danton, s'il ne le surpassa point. On sait qu'elle était rapprochée de cet homme lorsqu'il n'était encore qu'évêque déserteur ; elle le ramena en France, elle contribua à le faire entrer au ministère, elle lui fraya la route des richesses. Madame Roland proclame des principes bien différens : elle oublie qu'elle s'accuse elle et ses amis, non Danton et les Jacobins, en se plaignant de l'admission de Danton au ministère, et en demandant une administration dans le genre du gouvernement de Platon. « Dès que « la cour était abattue, dit-elle, il fallait former « un excellent conseil, dont tous les membres, « irréprochables dans leur conduite, distingués « par leurs lumières, imprimassent au gouver- « nement une marche respectable, et aux puis- « sances étrangères de la considération. Placer « Danton, c'était inoculer dans le gouvernement « ces hommes que j'ai peints plus haut, qui le « tourmentent quand ils ne sont pas employés « par lui; qui le détériorent et l'avilissent dès

« qu'ils participent à son action. Mais qui
« donc aurait fait ces réflexions? qui eût osé les
« communiquer et les appuyer hautement? c'était
« l'Assemblée ou la Commission des vingt-un
« qui déterminait les choix : il y avait là beau-
« coup d'hommes de mérite et pas un chef. »

On ne peut mieux tracer que ne l'a fait madame Roland le tableau de l'influence souve-
raine de Danton, de la complète nullité des gens
de bien du conseil des ministres, de l'impossi-
bilité d'empêcher les massacres de septembre,
de l'acharnement avec lequel elle et son mari,
et tous ceux qu'elle inspirait, poursuivaient ces
hommes qui, dans ce moment, étaient encore
indispensables, et qui agissaient sans relâche.
Sans s'arrêter à de vains discours, elle montre
dans cette peinture un caractère mâle et ferme;
elle a peu de liaisons avec les personnes de son
sexe; elle ne reçoit point de visites; elle ne ras-
semble pas de cercle autour d'elle; elle travaille
sans relâche avec son mari à rédiger des écrits
politiques; enfin, elle semble croire qu'avec les
moyens qu'elle possède et le parti auquel elle
appartient, il y a possibilité d'entreprendre
quelque chose, puisque, d'un autre côté, elle
est la seule qui juge son propre parti avec justesse et profondeur. Que l'on compare son jugement sur Condorcet avec celui de madame de

Staël, et on trouvera une nouvelle preuve de ce que nous avons avancé plus haut. L'une est toujours politique et diplomatique ; elle sait donner à ses paroles une tournure particulière qui les fait retenir comme un oracle ; mais cet oracle ne rend aucune image bien fidèle ni bien déterminée ; on peut s'en servir diversement dans différens buts, selon qu'on a besoin de l'interpréter d'une manière ou d'une autre. Condorcet étant un des principaux membres du parti républicain, et ayant quelque mérite sous le rapport littéraire, son caractère est d'une grande importance pour l'histoire de la lutte des Rolandistes, suivant l'expression de leurs adversaires, contre les Dantonistes. Le portrait qu'en fait madame Roland montre en même temps combien peu d'unité et de fermeté ce parti, qui se fondait sur la vertu, avait à opposer à la criminelle énergie d'un Danton. Madame de Staël dit de Condorcet : « On ne peut pas lui refuser de grandes vues, cependant il a joué un plus grand rôle en politique par ses passions que par ses idées. » Elle lui reproche ensuite de manquer de religion, et termine par une phrase insignifiante pour clore convenablement sa période : « Sa mort ressembla aussi à un martyre. » Comparons ce jugement avec celui de madame Roland, et nous reconnaîtrons aussitôt dans leurs

paroles toute la différence du caractère de ces
deux dames. « Mais puisque j'ai parlé d'un aca-
« démicien, il faut un petit mot sur Condorcet,
« dont l'esprit sera toujours au niveau des plus
« grandes vérités, mais dont le caractère ne sera
« jamais qu'à celui de la peur. On peut dire de
« son intelligence, en rapport avec sa personne,
« que c'est une liqueur fine imbibée dans du
« coton. On ne lui appliquera pas le mot que,
« *dans un faible corps, il montre un grand cou-*
« *rage ;* il est aussi faible de cœur que de santé.
« La timidité qui le caractérise et qu'il porte
« même dans la société, sur le visage et dans
« son attitude, n'est pas seulement un vice de
« tempérament ; elle semble inhérente à son
« âme, et ses lumières ne lui fournissent aucun
« moyen de la vaincre : aussi, après avoir bien
« déduit tel principe, démontré telle vérité, il
« opinait à l'Assemblée dans le sens contraire
« quand il s'agissait de se lever en présence des
« tribunes fulminantes, armées d'injures et pro-
« digues de menaces. Il était à sa place au secré-
« tariat de l'Académie. Il faut laisser écrire de
« tels hommes et ne jamais les employer, heu-
« reux encore d'en tirer quelque utilité. On ne
« peut pas en dire autant de tous les hommes
« timides, la plus grande partie n'en est bonne
« à rien. »

Aussitôt après elle raconte comment Danton dominait seul dans le ministère. Un endroit d'un écrit de Roland, que les derniers éditeurs des Mémoires de madame Roland y ont joint, le fait voir encore mieux ; il prouve que tous les autres ministres n'étaient là que pour faire l'ouvrage ; que la direction était abandonnée tout entière à Danton ; et cependant, au milieu de cette incapacité des ministres, madame Roland veut opposer à l'énergie de la liberté l'énergie du courage ; malgré la faiblesse de la plupart des députés de son parti, elle n'en espère pas moins pouvoir se faire jour ; elle espère résister à un parti qui se joue d'elle, et qui est sur le point de rejeter comme inutile l'instrument dont il s'est servi jusqu'ici. Elle nous raconte elle-même que Danton règne dans le ministère ; que les mesures pour les massacres de septembre sont prises ; que tous les ordres et toutes les instructions que Roland, en qualité de ministre de l'intérieur, envoie aux autorités, ne sont point suivis, et cependant elle persiste obstinément à faire une enquête sur ces massacres ; elle exalte ses amis ; elle amène la Convention à décréter que les auteurs des massacres, et du pillage du Garde-Meuble, seront appelés à rendre compte à la couronne de leur conduite.

Il est encore plus étonnant que cette femme

héroïque, qui eut le courage de résister à un Danton, ait eu la faiblesse de conseiller à Roland de refuser une place de député à la Convention qu'on lui offrait, pour rester au ministère.

C'était bien ce que ses ennemis voulaient. Ils privaient par là madame Roland des moyens d'établir des liaisons suivies avec la Convention ; ils l'empêchaient d'y répandre son enthousiame par son mari (elle aurait composé ses discours); Roland devait perdre de lui-même sa place de ministre. Elle nous raconte que Danton, en dépit des lois, resta pendant un mois député à la Convention et ministre, et que Roland ne peut pas parvenir à l'empêcher, qu'il s'abstient même pendant quinze jours d'assister aux réunions des ministres, et qu'il augmente ainsi lui-même l'influence de ses ennemis. Néanmoins elle ne cesse de tonner contre Danton et ses affiliés, et elle fait gloire d'avoir écrit une lettre, comme elle dit, avec l'accent du courage, de la fermeté et du mépris de la mort. L'Assemblée couvrit d'applaudissemens les paroles et les sentimens exprimés dans cette lettre; mais ce fut tout ce qu'on obtint. Madame Roland avoue elle-même que ces impuissans applaudissemens de ses faibles amis ne purent plus la protéger contre les persécutions de Danton et les invectives de Marat. Le procès du Roi et l'adoption des principes de Buzot et de madame Roland, que, dans cette occasion, on fit valoir pour la première fois contre les Jacobins de l'un et de l'autre parti, amenèrent un combat à mort où nous admirerons la fermeté et la grandeur d'âme de madame Roland, contrastant d'une manière remarquable avec la timidité du Roi. Cette lutte est sans doute la raison pour laquelle nous ne trouvons rien dans les écrits de madame Roland sur le procès du Roi et sur sa conduite. Son regard, exempt de prévention, dirigé vers un seul point, son éloignement pour toute espèce de haine ou d'animosité contre la personne du Roi, serait au reste pour nous un guide bien plus sûr dans notre jugement que le récit de madame de Staël, qui n'a d'autre but que d'exciter l'intérêt. Il serait d'un grand avantage d'entendre, sur la conduite du Roi devant le tribunal, et sur celle de la Convention, le jugement d'une femme qui, plus tard, dans sa lutte contre ses ennemis, dans le cours de son procès, dans sa prison, avant et après sa condamnation, montra tant de courage et de grandeur d'âme.

L'un nous montre, là où nous nous attendons à trouver de l'élévation et de la dignité, l'âme faible d'une femme dans la souffrance ; l'autre, au contraire, nous montre une âme héroïque et royale, l'enthousiasme le plus pur et la pro-

fonde indignation d'un cœur qui a été long-
temps trompé par les hommes, qui gémit de
l'abaissement de l'humanité et de l'abus qu'on
fait de la liberté. Si nous voulons comparer le
caractère sérieux de ces nobles âmes qui se flat-
taient de la vaine espérance de pouvoir fonder
une république au milieu d'une ville corrompue
comme l'était Paris, avec la légèreté et le vide
de celles qui ne rendaient hommage qu'à l'opinion du jour; qui, comme nous le voyons chez
madame de Staël, ne défendaient la liberté et la
simplicité des mœurs que dans leurs discours,
tandis qu'elles restaient en effet fidèles à leurs
anciennes habitudes, il n'y a qu'à prendre la
lettre de Buzot à ses commettans sur le procès
du Roi, et la comparer avec les observations de
madame de Staël sur ce même procès. Nous
croyons d'autant plus pouvoir regarder la déclaration publique de Buzot comme l'expression de
la pensée de madame Roland, qu'il expose partout les mêmes principes; qu'il est celui de tous
les Girondins qu'elle estime le plus; qu'il est
violent comme elle, plein de Rousseau et de ses
conceptions idéales, honnête, juste, et avec cela
un excellent jurisconsulte. Il adressa la lettre
dont nous emprunterons quelques passages, à
ses commettans d'Evreux, immédiatement après
la condamnation du Roi, pour se justifier de

n'avoir pas voté la mort du monarque; d'avoir, au contraire, fait tous ses efforts pour le sauver. Avec quelque circonspection que cette lettre ait dû être rédigée dans le temps où elle fut écrite, elle exprime cependant les mêmes principes que nous avons vus plus haut dans l'opinion de madame Roland sur le ministère de Danton. Tous deux sont fatigués de tant d'horreurs; tous deux veulent fonder un gouvernement républicain sur des bases solides; tous deux s'opposent à la destruction calculée des bonnes mœurs, à la propagation des idées frénétiques d'un Marat et d'autres hommes semblables; tous deux ont le pressentiment que leurs amis seront trop faibles pour résister à Danton et à ses partisans, qu'ils les abandonneront, et qu'ils périront victimes de leur enthousiasme; tous deux restent au poste où ils croient que leur devoir les retient. On reconnaîtra sans que nous ayons besoin d'ajouter d'autres considérations, que madame Roland et Buzot eurent toujours l'État et leur idole de la liberté devant les yeux, et madame de Staël des vues personnelles et l'opinion des salons. « Il ne s'agissait pas, écrivait « Buzot à ses commettans, d'examiner les faits « pour prononcer ensuite une peine; la question « était de délibérer sur la convenance d'une « mesure de sûreté générale. L'égalité des droits

« soumet sans doute tous les coupables à la sé-
« vérité de la loi, quel que soit d'ailleurs leur
« rang ou leur puissance ; mais cette égalité que
« je nommerais volontiers, qu'on m'accorde cette
« expression , égalité moràle , ne détruit point la
« différence des effets et des résultats , et la pos-
« térité pèsera avec une scrupuleuse exactitude
« la sentence judiciaire qui a condamné le dernier
« Roi des Français à la mort, tandis qu'elle ne
« fera aucune attention au sort de ces criminels
« inconnus, condamnés par les cours de jus-
« tice. »

Viennent après cela quelques autres observations que nous ne citerons point ici ; plus bas,
nous trouvons une phrase que nous avons également rencontrée chez madame Roland, et qui
fait concorder le principe qu'elle renferme avec
sa conduite pendant le procès du Roi. « Après
« les grandes commotions d'une révolution, il
« n'y a rien de plus pressant à faire que de ra-
« mener le peuple à sa dignité, au calme, de lui
« rendre l'exercice de ses droits, le sentiment de
« sa force, et de lui faire connaître par là l'im-
« portance de ces droits, et l'estime à laquelle
« leur exercice lui donne lieu de prétendre. Il
« m'a semblé que consulter la nation sur le ju-
« gement de Louis, c'était proclamer ses droits ;
« c'est pourquoi j'ai insisté sur l'appel au peuple.

« Il fallait du courage pour dire cela tout haut;
« car soit par aveuglement ou par malveillance,
« ou peut-être, ce qui est probable, par l'un et
« l'autre motif, on cherchait à présenter ceux qui
« proposaient ces mesures, comme les amis se-
« crets et les partisans de l'accusé et de la
« royauté; on faisait entendre qu'ils avaient des
« raisons particulières de vouloir le sauver. Mais,
« au milieu de ces inculpations, de la haine
« qu'elles excitaient, l'homme de bien n'en mar-
« che pas moins vers son but; c'est ce que j'ai
« fait, et j'adjure mes commettans de me juger.
« L'appel au peuple fut rejeté; je proposai un
« sursis à l'exécution du jugement, afin de
« montrer au moins qu'on n'avait agi qu'après
« la plus mûre réflexion; c'est ce qu'il fallait, à
« mon avis, faire connaître de toute manière par
« des signes extérieurs. Dans l'intervalle, on eût
« pu prendre les mesures convenables contre
« cette branche de la maison de Bourbon qui
« voulait faire tourner à son profit la chute de
« Louis. »

Venons maintenant à madame de Staël : elle
nous entretient, à l'occasion des massacres de
septembre, de sa propre histoire; elle nous raconte quelques anecdotes qui se présentent par
hasard à son esprit; même en parlant du procès
du Roi, elle fait une foule d'observations spiri-

tuelles, mais on n'y trouve presque rien d'historique : tout n'y est qu'effleuré. Elle ne dit rien de la situation des partis, ni de l'imprudence des hommes qui voulaient sauver le Roi, ni de la disposition du peuple, ni de la position critique de la Gironde ; mais elle parle des discours de Vergniaud. Ces discours ne pouvaient guère sauver le Roi ; les mesures prises par Lanjuinais et Buzot pour tourner le parti opposé, qu'on ne pouvait combattre par des discours, étaient tout-à-fait propres à cela. Madame de Staël regarde l'affaire du Roi comme un procès proprement dit, et ce n'était point cela ; d'après la propre déclaration de Buzot, c'était une mesure d'État : Saint-Just et d'autres le dirent hautement. Dans ces circonstances il est doublement ridicule d'attacher autant d'importance à la lettre justificative de Necker en faveur du Roi, qui remplit tant de pages, comme si on n'avait pas déjà beaucoup trop parlé et trop écrit là-dessus. Si la nation avait, comme la Convention, Moïse et les prophètes, que pouvait faire Necker, qui n'était ni Moïse, ni un prophète ? C'est sur ce ton tranchant et décidé, avec l'assurance naturelle à ceux qui, parce qu'ils savent un grand nombre de choses, croient tout savoir, et passent légèrement sur tout, qu'elle reproche aux Girondins d'avoir conservé leurs liaisons avec les Jacobins, lorsqu'ils voulaient sauver le Roi ; et cependant cette tentative seule, de sauver le Roi, sans se séparer d'eux leur fut déjà fatale. Que, seraient-ils devenus, eux et leur cause, si, dans ce moment, ils s'étaient séparés des autres, ou s'ils s'étaient rapprochés d'un autre parti ? Ils étaient assez nombreux ; mais faute de courage ils étaient sans force ; car, qui aurait eu la bonhomie de croire que l'idée de ramener la vérité et le droit, la vertu et la simplicité des mœurs, pût jamais émouvoir la foule ou seulement une partie considérable des hommes. Devaient-ils se joindre aux amis de madame de Staël, aux Constitutionnels ? Un La Fayette, un La Rochefoucauld, n'étaient pas non plus un appui bien ferme ; les Talleyrand et leurs nombreux amis n'étaient vraiment pas ceux à qui madame Roland, Buzot, Guadet et quelques autres eussent pu se joindre ; d'ailleurs cela n'eût servi de rien. L'ancien parti était sans doute encore assez puissant ; mais comment réunir des élémens aussi opposés ? On voit que, quelque bien écrit que tout cela soit, il n'y a aucune solidité dans les raisonnemens. Mais quand madame de Staël, à l'occasion des discours prononcés lors du procès du Roi, vient à se plaindre de la vanité des orateurs, de saillies, de phrases échappées dans cette circonstance solennelle à des membres de la Con-

     MADAME DE STAEL

vention qui brillaient par leur éloquence, on ne peut s'empêcher de lui appliquer un proverbe connu : *Quis tulerit Gracchos de seditione querentes.* Quant à la personne du Roi, elle nomme modestie sa faiblesse, son manque de dignité (que la Reine se montra autre plus tard!), en reconnaissant l'autorité du tribunal, ses humbles réponses aux questions qui lui étaient faites, et même la faiblesse qu'il eut de ne pas oser, en présence des commissaires, donner à la Reine, une princesse impériale, le titre de Reine, comme il avait coutume de le faire, mais de se reprendre pour dire : *ma femme.* Chaque état a ses vertus; mais la modestie, le défaut de prétention, ne sont pas, comme on sait, celles des Rois, parce que les devoirs de la royauté les leur défendent; et c'est précisément lorsque la bassesse et la cabale du parti de la maison d'Orléans voulaient anéantir la dignité royale, qu'elle devait se montrer avec le plus d'éclat; il fallait faire voir que l'habitude de régner, que la gloire d'être du sang royal, sait donner de la force à une âme faible; Louis devait confondre la bassesse de ses persécuteurs en présence de la nation. Ne savons-nous pas admirer en quelque sorte la force d'âme même dans un criminel, quand il déclare avec fermeté, avec hardiesse, la guerre aux lois, aux juges, à la société; quand il meurt comme il a vécu, semblable aux Titans ou aux géans que la foudre de Jupiter écrase sans les avoir vaincus? Comme Danton, Hérault de Séchelles et leurs compagnons confondent leurs ennemis et leurs persécuteurs! Dans quel embarras ils mettent leurs juges accoutumés au meurtre! Comment pourrons-nous leur refuser une sorte d'admiration? Louis n'excite que notre compassion; et si ses ennemis ne nous révoltaient pas par leur bassesse, par l'indigne traitement qu'ils font subir à leur victime, s'ils ne soulevaient pas toute notre âme, peut-être un autre sentiment viendrait-il se joindre à notre compassion. Il serait peu digne de nous de vouloir nous appesantir davantage là-dessus, ou de vouloir diminuer la compassion et l'intérêt dont tous les gens de bien sont pénétrés pour cette malheureuse victime du fanatisme politique, et peut-être de la méchanceté et de la vengeance; nous n'indiquerons que quelques points. Il avoue lui-même, à ce que Cléry rapporte dans ses Mémoires, édition publiée à Londres en 1800, comme la seule véritable et exempte de contrefaçons, en parlant de sa conduite lors de son premier interrogatoire, qu'il avait donné matière à la méchanceté de ses ennemis. Voici ce passage : « A minuit « (après le premier interrogatoire), pendant que « je déshabillais le Roi, il me dit : J'étais bien

« éloigné de penser à toutes les questions qui
« m'ont été faites, et dans mon embarras, j'ai été
« obligé de renier jusqu'à mon écriture. »

Nous voulons laisser le lecteur en tirer les con-
séquences qu'il voudra. S'il repousse le nom de
Capet, qu'on lui donnait par ironie, pourquoi
reconnaît-il le tribunal; pourquoi répond-il, de-
mande-t-il des défenseurs, et fournit-il lui-même
ainsi à des gens qui veulent sa mort l'occasion
de jouer l'affreuse comédie d'un jugement ré-
gulier, au lieu de les forcer à l'assassiner publiquement? C'est ce que firent plus tard les
Dantonistes dans leur lutte contre le parti de
Robespierre. Quand le président lui enjoignait
de s'asseoir, que ne restait-il debout, ou bien
que ne s'asseyait-il sur-le-champ? Dans plusieurs
autres endroits, et surtout dans les réponses à
demi vraies et évasives, on ne retrouve point
la dignité royale, et la résignation devient faiblesse.

Charles Ier d'Angleterre se conduisit d'une tout
autre manière. Il est vrai de dire que le traitement qu'on avait fait subir à Charles Ier était
bien moins inconvenant, moins déshonorant
pour la nation anglaise, et moins accablant pour
la malheureuse victime elle-même, que le traitement qu'essuya Louis à la Convention ou dans
sa prison. Madame de Staël nous donne de nou-

veau ici un exemple de sa manière de penser et du ton des sociétés auxquelles elle appartenait ; confondant toujours l'apparence avec le vrai, elle n'est pas plus simple dans ses expressions que dans ses jugemens. Elle dit : « Qu'il faut être de la lie du peuple pour pouvoir (comme on le fait dans la Convention) traiter sans le moindre ménagement la grandeur déchue ! » Ceci est, tant en général qu'en particulier et par rapport au Roi de France, totalement faux. Nous ne rappellerons pas que d'Orléans jouait le rôle le plus honteux et le plus vil, ou que, d'après des rapports certains, le bourreau de Charles Ier, qui ne parut que masqué, fut le chevalier Georges Stairs, grand-père du célèbre lord Stairs ; cela pourrait paraître douteux : non plus que lors du célèbre tumulte qu'il y eut à Londres au mois de mars 1769, pendant lequel le peuple pénétra dans la cour du palais de Saint-James, pour donner au Roi, sous les yeux de Georges III, une représentation de sa propre exécution, lord Mountnorris y parut, dit-on*, la tête enveloppée d'un crêpe, la hache à la main, pour y jouer le rôle de bourreau. Nous nous bornerons à parler de la Convention, et nous examinerons un peu plus particulièrement à cette occasion les faits historiques. Quel était

---

* Wraxall, dans ses *Memoirs of his own times*, dit avoir entendu raconter cela dans sa jeunesse.

le président de la Convention qui fut insolent
envers le Roi, qui lui enjoignit de s'asseoir après
lui avoir adressé la parole comme à un criminel,
qui lui reprocha durement tout ce dont il était
accusé, et mérita, par le ton qu'il y mit, toute
l'approbation des Jacobins? Quel autre que
Barrère de Vieuzac, un ancien noble, un homme
qui savait faire usage de sa plume et de sa langue
aussi bien que qui que ce fût, qui est célèbre
par ses chants de victoire, et qui, par ses libelles
sanguinaires, mérita le surnom de l'Anacréon de
la guillotine? Deux hommes qui possédaient à
un très haut degré ce genre de culture qui dé-
veloppe l'esprit et dessèche l'âme, Condorcet et
Chénier, excitent les esprits. Le marquis de Saint-
Just, également un poète, soulève la lie du peuple,
qui n'est jamais qu'un instrument passif et ne
peut jamais jouer un rôle, contre la Gironde,
qui veut sauver le Roi, et tous les fonctionnaires,
à l'exception du seul brasseur Santerre, qui n'est
pas le pire de tous, sont des gens de cette sorte
de caractère qui rend lâche et vil, parce qu'il
ne vise qu'à la vanité. Cambacérès, un des principaux jurisconsultes, un homme de la bonne
compagnie plus tard, un grand seigneur de
l'empire, est, à côté de Barrère, un de ceux qui
mettent le plus d'activité à accabler le Roi aussitôt qu'une faible tentative pour faire prendre

une autre direction à la chose, lui a manqué et lui a fait perdre courage. Garat et Grouvelle, deux hommes connus dans les cercles distingués de Paris et dans la diplomatie, et chers à madame de Staël par le style de leurs compositions, le premier surtout, sont ceux qui vont lire au Roi sa sentence dans la prison, ou plutôt qui la lui font lire; et même ces affreux procureurs de la commune, qui choisissent leurs victimes parmi les citoyens, dont le Roi essuie les moqueries dans sa prison, sont des gens de cette classe de Paris que loue surtout madame de Staël. Chambon, qui fut maire en décembre 1792, était un médecin, un homme d'un caractère sociable, quoique faible. Le seul Chaumette, procureur de la commune, bien qu'il eût pris le nom d'Anaxagore, et qu'il fût en même temps moine, jurisconsulte, journaliste, doit subir les reproches de madame de Staël, car il est fils d'un savetier. Parmi les hommes que l'on charge de garder et d'accompagner le Roi, ceux dont la conduite nous révolte le plus sont deux anciens prêtres, Jacques Roux, et Pierre Bernard.

Le chapitre qui traite du procès du Roi, et celui qui suit immédiatement, caractérisent parfaitement la politique et le talent de conversation des gens de qualité pour lesquels madame de Staël prend si souvent la parole; mais le quinzième et le seizième ne nous donnent pas une idée moins exacte de la philosophie des femmes et de leurs écrits : c'est le temps que madame Roland nous peint avec tant de talent, comme nous le verrons bientôt. Madame de Staël ne dit pas un mot du noble combat que soutint madame Roland; elle ne parle que des Girondins en général. Et encore, qui sont ceux qui attirent le plus son attention ? C'est Volazé par son suicide, c'est Vergniaud par ses discours, Condorcet par son livre. Le plus faible de tous, l'homme dont nous avons esquissé le caractère d'après ce qu'en a dit madame Roland, écrit un livre sur la perfectibilité de l'entendement humain, et cela suffit pour détourner entièrement l'attention de madame de Staël, de madame Roland, de Buzot, de Lanjuinais, qui ont fait preuve d'un véritable héroisme. Nous ne devons donc point être surpris que les plus légers motifs d'aigreur de la part du tiers-état contre les prétentions des élégans habitués des salons de madame de Staël soient cités. Justement les plus violens, un Roland, un Brissot, un Buzot, ne ressentaient pas l'envie et la vanité que madame de Staël indique à la fin du quinzième chapitre comme les causes de l'irritation des états les uns contre les autres; et Pétion, un des plus violens ennemis de l'ancien régime, possédait toutes ces manières dont madame de Staël fait si ridiculement le but de tous les efforts de l'homme. De même que l'ancien patriciat chez les Romains, les Toscans et quelques autres peuples, tirait son importance et sa valeur de ce que certains sacrifices expiatoires ne pouvaient être offerts aux dieux que par un homme du sang patricien; de ce que cette caste conservait seule la tradition des droits et des lois, avait seule l'expérience des affaires dans la guerre comme dans la paix, ainsi madame de Staël donne à la noblesse française un privilége héréditaire, un privilége qu'on ne peut ni détruire ni éteindre, celui des manières. Qu'on ne rie pas; c'est bien sérieusement qu'elle dit cela. Pour éloigner toute espèce de doute, nous allons citer le passage même. « La noblesse française augmentait par l'élégance de ses manières l'envie qu'elle excitait. Il était aussi difficile d'imiter ses manières que d'atteindre à ses prérogatives. » Cette phrase ne renferme, dans sa gracieuse tournure, pas moins de trois erreurs, que nous allons relever. Il n'est pas nécessaire de répéter combien peu madame Roland, Buzot et tous ceux qui menaient proprement le peuple, combien peu Marat et Danton connaissaient ou enviaient ces avantages; combien peu Saint-Just, Barrère, Hérault de Séchelles et d'autres qui étaient en possession de ce précieux avantage, avaient sujet de porter envie à qui que ce fût.* Les deux autres erreurs sont plus cachées. Pour ce qui est de l'imitation de ces manières, il y avait une foule de maisons, comme celle de M. Necker, où ces manières régnaient sans qu'elles fussent pour cela le partage de la noblesse; il y avait beaucoup de femmes comme madame de Staël, et beaucoup d'oisifs de la classe des bourgeois qui avaient ou qui trouvaient le temps de se former à ces manières, d'y former leurs enfans et de préférer ce talent à un mérite plus fondé. Peut-être qu'en traçant ces lignes madame de Staël se rappelait les accidens qui lui arrivèrent lors de la première audience qu'elle obtint, le dérangement de sa toilette, sa révérence manquée; ou sa coiffe oubliée dans la voiture, lorsqu'elle alla faire une visite à madame Polignac. Le patriciat lui-même n'était point inaccessible; car pendant la régence l'origine de la plus grande partie des pairs de France fut prouvée par-devant justice, et on peut voir par les actes et documens communiqués au Parlement combien peu ils avaient sujet

* Robespierre portait envie aux autres pour tous les avantages qu'il ne possédait pas lui-même; ainsi il n'entre pour rien dans ce qui se dit ici. La multitude ne peut pas servir d'objection, car elle ne fut jamais traitée que comme l'instrument des partis.

de regarder le titre de bourgeois comme une maladie incurable. Un parchemin fait tout. Ces actes se trouvent à la fin de la vie privée de Louis XV, qu'on attribue à M. d'Angerville.

Comme nous allons parler du combat que madame Roland et ses amis eurent à soutenir contre ces hommes conséquens pour qui aucun moyen n'était mauvais, pourvu qu'il leur fît atteindre leur but, nous pouvons d'autant moins nous dispenser de parler de Marat, que madame Roland et madame de Staël nous ont, l'une et l'autre, transmis leur jugement sur cet homme. L'une le regarde comme un personnage important, comme si on pouvait le placer à côté de Robespierre; l'autre ne l'envisage avec raison que comme un masque, un instrument. Il est surprenant que celle des deux qui a le plus d'expérience soit celle qui se soit trompée. Des deux passages que nous citerons plus bas, l'un est aussi remarquable par la force et la finesse d'aperçu que l'autre l'est par le peu de profondeur qu'il annonce et par l'erreur dans laquelle l'auteur est tombé. Il suffit de citer ces deux endroits pour caractériser le genre des deux dames. Madame de Staël dit en parlant de la terreur qui désola la France de 1793 à 1795 : « Le seul « Marat vivait sans crainte dans ce temps, car sa « figure était si basse, ses sentimens si forcenés,

« ses opinions si sanguinaires, qu'il était sûr que
« personne ne pouvait se plonger plus avant que
« lui dans l'abîme des forfaits. Robespierre ne
« put atteindre lui-même à cette infernale sécu-
« rité. »

Madame Roland raconte que Marat, aussitôt
après le pillage du Garde-Meuble, les bouche-
ries de septembre, et après la ferme déclaration
des Girondins d'insister sur la recherche et le
châtiment des brigands et des assassins, com-
mença à invectiver contre elle et son mari, et à
les rabaisser dans l'opinion publique, et réclama
de Roland quinze mille livres des fonds mis à
la disposition du ministère pour impression de
livres utiles. Puis elle ajoute : « J'avais quelque-
« fois douté que Marat fût un être subsistant; je
« fus persuadée alors qu'il n'était pas imaginaire.
« J'en parlai à Danton, je lui témoignai l'envie
« de le voir, et lui dis de me l'amener; car il faut
« connaître les monstres, et j'étais curieuse de
« savoir si c'était une tête désorganisée ou un
« mannequin bien soufflé. Danton s'en défendit
« comme d'une chose bien inutile, même désa-
« gréable, puisqu'elle ne m'offrirait qu'un origi-
« nal qui ne répondrait à rien. Au ton de l'excuse,
« je jugeai qu'il n'aurait point égard à cette fan-
« taisie, lors même que j'aurais insisté; je n'eus
« pas l'air d'y avoir sérieusement songé. »

On voit clairement que Marat n'était qu'une espèce de sentinelle perdue, qu'un porte-voix dont on se servait, un homme dont la voix et le langage étaient entendus du peuple, langage qu'il n'était pas donné à tout le monde d'oser parler. Le passage de l'homme de la terreur au temps de la terreur est tout naturel, à ce temps où madame Roland, grande et noble, se trouvait en présence de ces sales et lâches figures, bravant tous ceux qui, comme Danton, les faisaient agir. Madame de Staël n'a aucune idée de tout cela ; elle n'indique nulle part le véritable point de dispute entre la Gironde et les Dantonistes ; elle ne daigne parler ni de madame Roland ni de Charlotte Corday. Nous ne prétendons point faire ici l'éloge particulier ni de l'une ni de l'autre ; elles se trompaient dans leur jugement sur les hommes, mais cette erreur était plus honorable pour l'humanité que la vérité vaniteuse de madame de Staël. Elles commirent de grandes fautes politiques ; mais la source de ces fautes était plus pure et plus belle que celle de cette prudence qui poussa un si grand nombre de leurs adversaires aux honneurs sous l'empire, et qui les maintint en crédit sous la restauration. Madame Roland et son époux engageaient le combat des droits et de la justice déjà en septembre ; combat à mort qu'ils soutinrent pendant trois mois, avec constance et courage. Ils invitèrent vivement leurs amis à insister sur la mise en accusation des auteurs du pillage et de l'assassinat, aussi long-temps que Roland fut ministre, et même encore lorsque Roland eut quitté le ministère, quoique, comme nous le verrons par un passage des Mémoires, madame Roland sentît déjà qu'elle ne pouvait point communiquer son énergie à son parti, et qu'elle prolongeait en vain la résistance. Roland, lorsque, le 10 novembre 1792, le Comité de salut public, dont il faisait partie, lui demanda de faire fermer les barrières, afin d'empêcher de sortir de Paris un grand nombre de personnes qui se disposaient à fuir, osa adresser à ce Comité une lettre, qui était sans contredit sortie de la plume de sa femme, et qui prouve plus que toute autre chose le courage et la hardiesse de ces deux époux. Nous donnerons quelques passages de cette lettre, parce qu'ils nous présenteront le caractère de Roland et de sa femme sous le plus beau jour, quoique nous soyons obligé de convenir, d'un autre côté, que quiconque s'est trouvé à la tête d'un pouvoir semblable, doit répondre tout autrement, quoique nous reconnaissions que ce n'est point là le style d'une lettre ministérielle, et que moins d'éloquence lui eût donné plus de force et d'énergie. « J'ai reçu à deux

« heures après minuit la lettre par laquelle vous
« m'annoncez que des personnes effrayées s'en-
« fuient de Paris, et que ce fait contraire à la
« tranquillité publique, doit être arrêté par la
« fermeture des barrières. Assurément, depuis
« un mois, beaucoup de personnes, indépen-
« dantes par leur état et leur fortune, aban-
« donnent une ville où l'on ne parle chaque jour
« que de renouveler des proscriptions dont le
« souvenir fait horreur et dont l'attente est af-
« freuse ; assurément, depuis bien des jours, vous
« avez reçu, et je vous ai communiqué moi-
« même de nombreux avis, sur la fermentation
« qui règne, sur les projets de massacre et la pré-
« dication du meurtre ; assurément la marche ir-
« régulière de quelques autorités, les arrêtés in-
« cendiaires de plusieurs sections, la doctrine
« sanguinaire professée dans des clubs, enfin,
« l'arrivée des canons qui étaient à Saint-Denis,
« et qu'on a fait venir hier pour les répartir dans
« les sections, et cela, sur la demande particu-
« lière de celle des Gravilliers, dont on connaît
« les indécentes délibérations ; assurément, dis-
« je, toutes ces choses doivent effrayer les indi-
« vidus paisibles qui n'ont point oublié la stu-
« peur dans laquelle des milliers d'hommes ont
« laissé une poignée de brigands dévaster les pri-
« sons et déshonorer la France aux fameux jours

« de septembre. Qu'y a-t-il donc d'étonnant que
« l'on fuie? Mais n'est-ce pas le comble de l'au-
« dace ou de l'aveuglement que de dénoncer
« cette fuite comme contraire à l'ordre public,
« et de proposer de fermer les barrières pour la
« tranquillité de Paris ! Grand Dieu ! les assas-
« sins en sont-ils au point d'oser se servir de l'ef-
« fet même de leurs trames pour en assurer les
« derniers succès! Je n'en doute plus, et je ne
« vois de projets sinistres que dans ceux qui
« proposent cette mesure atroce, etc., etc. »

Il se retira du ministère, mais sa résistance
n'en continua pas moins. Danton, qui voyait
plus loin que tous les autres, aurait volontiers
fait la paix avec les Rolandistes, mais leur fermeté, qui était en grande partie celle d'une
femme seule, le fit échouer. Ce fut cette femme
qui, pendant que son mari était encore ministre,
proposa les mesures par lesquelles on aurait pu
anéantir l'anarchie et sauver le Roi, qui était
alors prisonnier. Elle ne put point amener ses
amis à ce degré d'énergie, parce que les hommes
de la Convention n'étaient pas capables de s'é-
lever à la hauteur de ses idées et de son courage.
Elle obtint le second point, la poursuite des criminels, parce que les gens faibles sont aussi
capables de violence et d'acharnement que les
femmes. Elle dit elle-même sa pensée sur le pre-

mier point ; elle explique les motifs pour lesquels elle a désiré que son mari renonçât au ministère, et entrât comme député dans la Convention. Elle raconte d'abord tous les désordres et tous les abus, cite toutes les circonstances qui rendaient le rétablissement de l'ordre impossible, ajoute enfin ce que ses amis auraient dû faire, et qu'ils ne firent pas faute d'énergie. Voici ce passage : « Casser la commune, or-
« donner l'élection, dans les règles, d'une nou-
« velle municipalité, organiser la force publique
« et lui faire nommer un commandant par les
« sections, étaient véritablement les seules me-
« sures propres à rétablir dans Paris l'ordre,
« sans lequel on y citerait vainement les lois,
« et faute duquel une Convention y serait né-
« cessairement soumise à l'autorité municipale,
« qui ne connaissait aucun frein. »

Que nos lecteurs jugent eux-mêmes de quelle grandeur d'âme il fallait être doué pour persister à combattre contre des scélérats tout puissans, bien que sans espoir de succès, en faveur des droits et de la justice, en faveur de la vertu et de ce monde idéal qui n'existe et n'existera nulle part que dans l'imagination d'un petit nombre d'hommes, mais que nous n'admirons pas moins dans les rêves des poètes à l'égal des choses réelles, d'êtres d'un monde meilleur.

Nous ne saurions mieux prouver ce combat qu'en rapportant les paroles d'un Jacobin qui fut impliqué dans cette lutte, dont la plume a été utile à plusieurs partis, et qui a rédigé l'écrit dont nous allons extraire quelques lignes : on aura déjà reconnu que c'est de Bailleul que nous voulons parler.

« La première pomme de discorde qui fut
« jetée dans l'Assemblée, ce fut la proposition
« de faire poursuivre les auteurs des massacres
« de septembre. Les Girondins, je me servirai
« désormais des termes de Girondins et de Mon-
« tagnards pour désigner le côté droit et le côté
« gauche, puisque ces termes étaient alors con-
« sacrés; les Girondins pensaient que c'était en
« quelque sorte rendre la France complice de
« ces crimes, que de ne pas en ordonner le châ-
« timent. Le ministre Roland et les députés qui
« se rattachaient plus particulièrement à la sévé-
« rité de ses opinions et de sa conduite, tels que
« Buzot, insistaient fortement pour ce parti. »

Nous ne voulons point nous occuper de cette prudence politique que Bailleul oppose à ces exigences produites par le sentiment du droit, de la justice et de la pure morale; cela ne tient pas au but de cet écrit, et les idées de Bailleul y ont été répandues seulement par l'ouvrage de Mignet sur la révolution. Nous ne nous occu-

pons pas de la tactique révolutionnaire. Cependant nous ne cacherons pas que les motifs que
Bailleul allègue en faveur de l'impunité nous
paraissent justement parler hautement en faveur de ceux qui osaient braver la politique.
Quatre mois sont pour lui le passé ; il veut nous
faire croire qu'alors il n'existait pas de gouvernement quand les septembriseurs n'avaient que
suspendu son autorité ; car nous voyons dans
les Mémoires de madame Roland que le ministre
de la justice empêchait toutes les mesures bien-
faisantes du ministre de l'intérieur ; enfin les
crimes de septembre appartiendraient, selon
lui, à une autre époque, quand ces crimes
furent le commencement de cette époque san-
glante, et que les horreurs allèrent en croissant.
Voici ses propres paroles : « Ces horreurs, com-
« mises dans l'absence de toute autorité, appar-
« tenaient à une époque qui n'était déjà plus :
« d'ailleurs les dangers de la patrie exigeaient
« bien d'autres soins, qu'on affaiblissait en les
« partageant. »

Ce qu'il y a de plus important pour la position des Rolandistes, est ce qui vient immédiatement après. « Je tiens d'un député de notre
« côté (Bailleul avait été pendant un certain
« temps du parti des Girondins), d'un de mes
« camarades d'infortune, qui avait cependant

« conservé des relations avec Danton, qu'il y
« avait eu des conférences à Sceaux, entre les
« chefs des deux partis, dont le but était un rap-
« prochement, s'il était possible. Guadet, avec
« une énergie qui lui était particulière, ne voulut
« entendre à aucune transaction relativement
« aux poursuites. Danton lui adressa ces paroles :
« Guadet, tu ne sais point faire le sacrifice de
« ton opinion à la patrie, tu ne sais point par-
« donner ; tu seras victime de ton opiniâtrete. »
Les Rolandistes nous apparaissent de ce côté
également exempts de la faute que les autres républicains leur reprochaient, lorsqu'ils renver-
sèrent le trône. Cela nous amène aux derniers
événemens de la vie de madame Roland, qui y
montra une grande force de caractère. Le 31 mai
1793, lorsque tous les députés de la Convention
qui s'opposent à la terreur doivent être anéantis,
on cherche à arrêter Roland ; sa femme le sauve
et devient dès ce moment l'objet de la persécu-
tion et de la haine. Quelle grandeur d'âme, lors
de la première arrestation de son époux, lorsqu'elle parvient à le faire échapper ! Quelle fermeté, quelle dignité vis-à-vis de ces âmes basses
et méprisables ! Elle court deux fois de suite à la
Convention ; elle est décidée à parler devant l'Assemblée, et les hommes de la Gironde hésitent,
ils n'osent dans ce moment de pressant danger

se concerter ; ils sont insouciaus, indécis ; ils n'osent parler pour sauver des milliers d'hommes et madame Roland tente pour son mari et pour ses principes des démarches inouïes, incroyables ! Vergniaud lui-même, qui ne manquait ni d'eloquence ni de courage, le lui avoue lorsqu'elle le fait appeler, lorsqu'elle le presse de la faire admettre à la barre et de faire lire sa lettre. Il ne veut point lui dire qu'il croit tout perdu, il la tranquillise. « Je vais donc chez moi. répond-« elle, savoir ce qui s'est passé ; je reviens en-« suite, avertissez nos amis. — Ils sont absens « pour la plupart, dit Vergniaud ; ils se montrent « courageusement quand ils sont ici, mais ils « manquent d'assiduité. — C'est malheureuse-« ment trop vrai », ajouta-t-elle. Qu'on compare cela avec ce que madame Roland raconte de son inébranlable constance. « Je ne voulus plus quit-« ter l'hôtel déjà en janvier 1793 ; le lit de Roland « était dans ma chambre, pour que nous cou-« russions le même sort, et j'avais un pistolet « sous mon chevet, non pour tuer ceux qui « viendraient nous assassiner, mais pour me « soustraire à leurs indignités, s'ils voulaient « mettre la main sur moi. » Enfin, elle est ar-rêtée ; elle se décide a écrire a la Convention : sa lettre exprime les sentimens qui l'ont toujours animée. Ses amis la supplient d'en changer le

commencement, et quelques expressions çà et
là ; elle cède enfin , en ajoutant toutefois : « Si je
« croyais que ma lettre fût lue telle qu'elle est,
« je la laisserais , dût-elle n'être suivie pour moi
« d'aucun succès ; car on ne peut guère se flatter
« d'obtenir justice de l'Assemblée ; les vérités
« qu'on lui adresse ne sont pas pour elle, qui ne
« saurait les mettre en pratique aujourd'hui ;
« mais il faut les dire pour que les départemens
« les entendent. Je conçois que mon début puisse
« empêcher la lecture de la lettre : dès-lors, c'est
« folie que le laisser. » Dans sa prison, elle conserva la même humeur, la même inflexibilité qui
dédaigne de partager le ridicule des Jacobins en
substituant le mot de *citoyen* à celui de *monsieur*,
et elle salue hardiment tous les hideux employés
de ce temps du mot aristocratique *messieurs*.
Son humeur, le sentiment de sa supériorité , la
satisfaction que donne une bonne conscience ,
ne la quittent pas pendant toute la durée de sa
première arrestation à l'Abbaye. Elle nous en
donne une preuve en racontant comment elle
quitta cette prison. « Lavacquerie, le geôlier ,
« raconte-t-elle, qui n'avait jamais vu le petit
« cabinet que j'occupais habité par quelqu'un
« d'aussi bonne humeur que moi , et qui admi-
« rait la complaisance avec laquelle j'y ordonnais
« des livres et des fleurs, disait qu'il l'appelle-

« rait désormais le pavillon de Flore. » Ici se placent tout naturellement quelques mots qui établissent un trait de ressemblance entre madame Roland et Charlotte Corday. Celle-ci, comme on sait, avait, à la grande joie des Jacobins, assassiné Marat avec la fermeté d'une héroïne qui, malheureusement, avait mal choisi son temps. « J'ignorais, dit madame Roland, « qu'il destinât en ce même instant ce cabinet à « Brissot, que je ne savais pas dans mon voisi- « nage; que bientôt après il serait habité par « une héroïne digne d'un meilleur siècle, la cé- « lèbre Corday. » Mais en voyant qu'on ne l'avait tirée de l'Abbaye en lui annonçant sa mise en li- berté que pour l'arrêter de nouveau et la con- duire à Sainte-Pélagie, elle n'est point ébranlée. Elle raconte qu'elle est une seconde fois empri- sonnée, qu'elle est traitée avec plus de dureté, de sévérité qu'auparavant. « N'avais-je pas des « livres, du temps? n'étais-je plus moi-même ? « Véritablement, je m'indignai presque d'avoir « été troublée, et je ne songeais plus qu'à user « de la vie, à employer mes facultés avec cette « indépendance qu'une âme forte conserve au « milieu des fers, et qui trompe ses plus ardens « ennemis. » Pour bien apprécier ces lignes, il faut savoir qu'elles furent tracées dans un temps où elle s'attendait à chaque instant à la mort, où elle se voyait trompée dans toutes ses espérances, lorsque tous ses amis étaient perdus, la sûreté de son mari, qu'elle avait réussi à sauver, troublée, sa fille abandonnée. Dans un autre endroit, elle exprime les mêmes sentimens de la manière suivante : « Voilà donc le séjour qui « était réservé à la digne épouse d'un homme « de bien ! Si c'est là le prix de la vertu sur la « terre, qu'on ne s'étonne donc plus de mon « mépris pour la vie, et de la résolution avec « laquelle je saurai affronter la mort. Jamais elle « ne m'avait paru redoutable, mais aujourd'hui « je lui trouve des charmes ; je l'aurais embras- « sée avec transport, si ma fille ne m'invitait à « ne point l'abandonner encore; si ma dispari- « tion volontaire ne prêtait des armes à la ca- « lomnie contre un mari dont je soutiendrais « la gloire, si l'on osait me traduire devant un « tribunal. » Cependant elle résolut plus tard de ne pas laisser ses ennemis triompher de son supplice ; mais sur la représentation d'un de ses amis, qu'il était plus glorieux d'attendre la mort que de la prévenir, elle abandonna cette idée. Nous ne raconterons pas ici en détail les derniers momens de la vie de madame Roland ; les nouveaux éditeurs de ses Mémoires l'ont fait avec

talent dans une notice sur madame Roland,
placée en tête du premier volume, et ses derniers
écrits, qui sont rassemblés à la fin des Mémoires,
font connaître la situation de son âme à toutes
les époques de sa vie. Elle est souvent triste,
jamais découragée. Nous finirons par quelques
observations pour appeler sur les écrits de cette
femme célèbre l'attention de ceux qui étudient
l'histoire dans le but de connaître le cœur de
l'homme et ses rapports avec le monde qui l'en-
toure. Nous remarquerons d'abord, comme
nous l'apprend une phrase de madame Roland,
jetée au hasard dans un endroit de ses écrits,
que madame Roland et madame Pétion furent
vivement affligées des événemens du 20 juin et
du 10 août, quelque ardemment qu'elles dési-
rassent le gouvernement républicain, et quoiqu'elles ne pressentissent pas que la vengeance
de crimes auxquels le but devait servir de justi-
fication, atteindrait aussi leurs têtes innocentes.
Elle parle des personnes qu'elle rencontra dans
les corridors de la prison. « J'y vis madame Pé-
« tion : je ne croyais pas, lui dis-je en l'abor-
« dant, lorsque je fus à la mairie le 10 août 1792
« partager vos inquiétudes, que nous ferions
« l'anniversaire à Sainte-Pélagie, et que la chute
« du trône préparât notre disgrâce.» Dans le cha-

pitre qu'elle a intitulé ses *dernières pensées*, et qu'elle composa à peine un mois avant sa mort, elle exprime la force de son caractère et le mépris que lui inspire la faiblesse des hommes de son parti, qui sacrifient vingt-deux collègues, plutôt que de tout hasarder. « Oh! s'ils avaient « eu mon courage, ces êtres pusillanimes, ces « hommes qui n'en méritent pas le nom, dont « la faiblesse se couvrit du voile de la prudence, « et perdit les estimables vingt-deux, ils auraient « racheté leur première faute de conduite; ils « auraient provoqué le 2 juin, par une opposi-« tion solennelle, l'arrestation qu'ils viennent « de souffrir. Alors leur résistance éclairait les « départemens incertains ou craintifs, elle eût « sauvé la république; et s'ils eussent dû périr, « c'eût été avec autant de gloire pour eux que « d'utilité pour leur patrie. Ils ont temporisé « avec le crime, les lâches! Ils devaient tomber « à leur tour; mais ils succombent honteusement « sans être plaints de personne, et sans autre « perspective, dans la postérité, que son parfait « mépris. » Elle continue sur ce ton; jamais de faiblesse, jamais aucune crainte. Avant de déclarer ses dernières dispositions en faveur de sa fidèle domestique, de sa fille et de ses proches, elle invoque la Divinité, et fait connaître ses

sentimens religieux, qui, à la vérité, ne sont pas du plus pur christianisme. « Divinité, être su-
« prême, âme du monde, principe de ce que je
« sens de grand, de bon et d'heureux; toi dont
« je crois l'existence, parce qu'il faut que j'émane
« de quelque chose de meilleur que ce que je
« suis, je vais me réunir à ton essence ! » Elle écrit en même temps à sa fille, le 18 octobre :
« Tu m'as vue paisible dans l'infortune et la cap-
« tivité, parce que je n'avais pas de remords, et
« que j'avais le souvenir et la joie que laissent
« après elles de bonnes actions. Il n'y a que ces
« moyens non plus, de supporter les maux de
« la vie et les vicissitudes du sort. Peut-être, et
« je l'espère, tu n'es pas réservée à des épreuves
« semblables aux miennes ; mais il en est d'autres
« dont tu n'auras pas moins à te défendre. Une
« vie sévère et occupée est le préservatif de tous
« les périls ; et la nécessité, autant que la sa-
« gesse, t'impose la loi de travailler sérieu-
« sement. »

Ses observations à propos du procès de ses amis où on voulait la faire paraître comme témoin, ses remarques sur l'acte d'accusation, comme sur la marche de la procédure, sont écrites avec le même calme, la même fermeté que si elle les avait rédigées dans des heures de loisir et au milieu de la plus grande paix. Voyez l'esprit des dernières observations sur le honteux acte d'accusation d'Amar. « Je désire mériter « la mort en allant leur rendre témoignage tandis qu'ils vivent, et je crains de perdre cette « occasion. Je suis sur les épines ; j'attends l'huissier (elle écrivait ce chapitre s'attendant à « chaque instant à être appelée), comme une âme « en peine attend son libérateur ; je n'ai écrit « ce qu'on vient de lire que pour tromper mon « impatience. » Son interrogatoire, qu'elle a écrit elle-même, après l'avoir parfaitement retenu, prouve encore sa présence d'esprit. Que l'on compare ses réponses avec celles de Louis à ses juges. Elle reste toujours dans les bornes de la modération ; une seule fois elle répond avec quelque dureté ; c'est lorsqu'on lui demande si elle sait où est Roland et quand il a quitté Paris. « Que je le sache ou non, je ne dois ni ne veux « vous le dire. » Enfin elle met le juge et l'accusateur public tellement dans l'embarras, que ce dernier, après avoir épuisé tous ses sophismes, ses grossièretés, ses questions captieuses, s'écrie enfin : « qu'avec une telle bavarde on n'en finirait jamais », et qu'il fit clore l'interrogatoire. La réponse de madame Roland est parfaite. « Que je vous plains! lui dit-elle avec sérénité ;

« je vous pardonne même ce que vous me dites
« de désobligeant : vous croyez tenir un grand
« coupable, vous êtes impatiens de le convaincre;
« mais qu'on est malheureux avec de telles pré-
« ventions! Vous pouvez m'envoyer à l'échafaud ;
« vous ne sauriez m'ôter la joie que donne une
« bonne conscience et la persuasion que la pos-
« térité vengera Roland et moi, en vouant à
« l'infamie ses persécuteurs. » Dans la nuit qui
précéda son interrogatoire, elle traça le plan de
sa défense devant le tribunal; on le trouve également joint à ses Mémoires. Ce projet de défense finit par ces mots : « Je n'ai point dissimulé
« mes sentimens et mes opinions. Je sais qu'une
« dame romaine fut envoyée au supplice, sous
« Tibère, pour avoir pleuré son fils; je sais que
« dans un temps d'aveuglement et de fureurs
« d'esprit de parti, quiconque ose s'avouer l'ami
« de condamnés ou de proscrits, s'expose à par-
« tager leur fortune. Mais je méprise la mort; je
« n'ai jamais craint que le crime, et je n'assurerai
« pas mes jours au prix d'une lâcheté. Malheur
« au temps, malheur au peuple où la force de
« rendre hommage à la vérité méconnue peut
« exposer à des périls, et trop heureux alors qui
« se sent capable de les braver. » Elle conserva
cette même disposition d'esprit au moment où

on lui lut sa sentence, en marchant au supplice. Lorsqu'on lui donna connaissance de la sentence de mort prononcée contre elle, elle dit à ses assassins : « Vous me jugez digne de partager le « sort des grands hommes que vous avez assas- « sinés ; je tâcherai de porter à l'échafaud le cou- « rage qu'ils ont montré. » Lors du supplice, son courage fut plus admirable encore. Nous avons sur ses derniers momens le rapport de témoins oculaires, et nous joindrons ici les in- dignes propos de ses meurtriers pour faire voir qu'ils sont au fond parfaitement d'accord. Ses amis disent qu'en marchant à la mort elle avait conservé son air calme, la sérénité de ses traits, l'expression de ses regards, le ton simple et na- turel de sa conversation ; elle s'entretenait avec un compagnon d'infortune. Ils ajoutent que son courage était sans faste, et surtout que sa rési- gnation fut sans faiblesse. Le papier public qui couvrit de sales invectives la Reine, dont le sup- plice eut lieu vers le même temps, et duquel le *Moniteur* emprunta l'annonce qu'il fit de ma- dame Roland, contient l'indigne article que nous allons citer, et qui confirme dans son es- sence ce que nous avons dit plus haut. «La femme « Roland, bel esprit à grands projets, philosophe « à petits billets, reine d'un moment, entourée

« d'écrivains mercenaires, à qui elle donnait des
« soupers, distribuant des faveurs, des places et
« de l'argent, fut un monstre sous tous les rap-
« ports. Sa contenance dédaigneuse envers le
« peuple et les juges choisis par lui; l'opiniâtreté
« orgueilleuse de ses réponses, sa gaîté ironique,
« et cette fermeté dont elle faisait parade dans
« son trajet du Palais de Justice à la place de la
« Révolution, prouvent qu'aucun souvenir dou-
« loureux ne l'occupait. Cependant elle était
« mère; mais elle avait sacrifié la nature, en
« voulant s'élever au-dessus d'elle; le désir d'être
« savante la conduisit à l'oubli des vertus de son
« sexe, et cet oubli toujours dangereux finit
« par la faire périr sur un échafaud. » Quant à
ces dernières lignes, différens passages des Mémoires et des Lettres de madame Roland que
nous n'avons pas citées parce qu'elles ne ser-
vaient pas à notre but, prouvent justement le
contraire. Ses soins pour sa maison, pour son
mari, son enfant, sa fidèle domestique, ses parens du côté maternel, sont fort touchans, et
les dispositions qu'elle a consignées dans l'écrit
dont nous avons parlé plus haut, sont très cir-
constanciées et très claires. On verra par ces ar-
ticles pleins de méchancetés, de sophismes, et
calculés pour l'effet, surtout en les considérant

dans leur ensemble, quelle espèce d'hommes menaient le peuple au temps de la terreur. C'étaient des gens du vieux temps qui écrivaient de semblables choses; ce ne pouvaient être que des gens doués d'imagination et capables d'enthousiasme.

FIN.

DE L'IMPRIMERIE DE CRAPELET,
RUE DE VAUGIRARD, N° 9.

www.ingramcontent.com/pod-product-compliance
Ingram Content Group UK Ltd.
Pitfield, Milton Keynes, MK11 3LW, UK
UKHW021735090726
13657UKWH00002B/722

9 782019 693411